倉庫管理システム
WMSで実現する
中小製造業の
物流DX

東 聖也
HIGASHI MASAYA

幻冬舎 MC

倉庫管理システム

WMSで実現する中小製造業の物流DX

はじめに

海外製品との価格競争は年々激化し、大手メーカーからは毎年のように要求されるコストダウン。これ以上どこを見直せばいいのか……。中小製造業の経営者の悩みは尽きません。厳しい要求に応え、経営者はこれまで血のにじむような改善を重ね、徹底した効率化と原価の見直しで、コスト削減を究めてきました。

作業の標準化や部品の共通化による生産効率の向上。自動機の導入にも積極的で、少数精鋭の工場づくりにより、人件費も絞っています。中小製造業の生産工程は、もう省くものがないほどスリム化され完成しているといっても過言ではありません。

しかし、経営者の多くが気づいていない〝盲点〟があります。それが、中小製造業における倉庫管理や製品を配送する「物流工程」です。

例えば、多くの倉庫ではいまだ手書きで帳簿をつけたり、エクセルなどで手動で製品の管理を行っています。また、「手配する」「梱包する」「運ぶ」といった製品の配送業務においては、属人的に行われ多くのムダが発生、ミスも頻発してしまいます。そのためどうしても配送リードタイムが長くなり、在庫が停滞しがちです。

しかし、多くの中小製造業ではそれが当たり前となっているため、物流工程の改善が大きく業績に影響するということに気づいていないのです。

私の会社はＷＭＳ（倉庫管理システム）の提供を通じて、中小製造業の物流改善を支援しています。物流に潜む問題を分析・解決するコンサル型のシステム開発を行うことで、過去20年間で８００社以上のシステム開発を手掛けてきました。

ＷＭＳであれば、独自のビジネスモデルや、企業の成長、消費者ニーズの変化による物流量の変化など、システムを柔軟にカスタマイズすることができます。これにより、入荷、検品、保管、ピッキング、出庫などの作業を常にベストな状態で簡易化・自動化することができ、リードタイムの短縮とコスト削減という相反する課題を解決することができるのです。

さらに、蓄積した物流データを活用すれば、不良在庫の発生を抑えるのはもちろん、複数ある生産拠点のどこから出荷するのが最も効果的かなども瞬時に判断でき、中小製造業に物流ＤＸをもたらすのです。

日本企業は先進国と比べ、デジタル化が遅れており、ＤＸの推進は喫緊の課題だといわれています。本書では中小製造業がＷＭＳによる物流ＤＸを実現するために、ＷＭＳの導入とその活用方法など、実例を交えながら分かりやすく紹介します。

本書を通じて、日本の中小製造業が元気になり、「ものづくり日本」の冠を取り戻すことに寄与できれば、著者として望外の喜びです。

目次

第1章

中小製造業の物流DXは在庫管理が鍵を握る

中小製造業にもDXが喫緊の課題に

日本の企業が今後も成長を続けていくためには「DX（デジタルトランスフォーメーション）」が不可欠だといわれています。DXとは、企業がデジタル技術を活用して組織やビジネスモデルに変革を起こすことを意味します。

もちろん、これまでもデジタル技術を利用して「IT化」は進められてきました。しかし、IT化とDXは大きく異なります。IT化は主に特定の部署や業務に対し、デジタル技術を利用して業務を効率化することを意味します。例えば、システムを導入して電話やFAXで受けていた注文を自動で受け付けるようにするのはIT化です。

一方、DXは単なる業務の効率化にとどまりません。組織やビジネスモデルに変革を起こすことに力点がおかれています。特定の部署や業務だけでなく、場合によって取り引き先をも巻き込みながら企業全体に変革を起こすのです。

DXの必要性が広く知られるようになったのは、2018年9月、経済産業省が「DXレポート～ITシステム『2025年の崖』の克服DXの本格的な展開～」を公表したことがきっかけでした。

DXレポートによれば、現状のままでは、「レガシーシステム（古い基幹システム）」と

「IT人材の不足」の2つが障害となり、このまま放置してしまうと2025年以降、年間で最大12兆円の経済損失が生じる可能性（2025年の崖）があると報告されています。

このレポートがきっかけとなり、多くの経営者は、最新のデジタル技術を活用して競争力を強化するためにDXが必要であることは理解しましたが、中小企業ではほとんど取り組みが進んでいないのが実情です。

特に製造業では物流分野でのDX、つまり「物流DX」の必要性が叫ばれています。

私たちの日常生活や企業活動は今、5G時代の到来を迎えて劇的に変化しようとしています。私たちが日頃利用しているスマートフォンやクラウドサービスなどは5Gという新たな技術革新によって、さらに高度化、高速化が進み便利になっていくことでしょう。

物流においても5G環境で今より高速に大量のデータを活用できるようになれば流通システムは迅速にムダなく、かつ高度に刷新されていくことは間違いありません。このような「物流DX」は、私たち経営者にとって最も重要な企業戦略の一つです。

とりわけ昨今の新型コロナウイルスの感染拡大やたび重なる自然災害によって、現在の物流網の弱さが露呈しました。何も変わらぬまま今後も自然災害などが起きれば、各企業は大きな損失を被る恐れがあります。また、ネットショッピングの増加により物流件数の増加、複雑化や、配送を行うドライバーの人材不足やそれによる運賃上昇といった課題もあります。

そのため中小製造業にとって、物流DXが喫緊の課題といっても過言ではないのです。

物流を取り巻く環境は、少子高齢化による人手不足やEC物流の急激な増加によってたいへん厳しい状態にありますが、この物流DXによって、AIやIoTといった最先端のイノベーションの活用が進めば、解決の糸口を見つけだすことができるかもしれません。

一方で、物流DXは単にそうした最先端のテクノロジーを企業戦略に活かすという発想では成功しません。自社の強みを活かし、それを最大化しつつ、新たなビジネスモデルを抜本的な改革により断行し、そこにテクノロジーをうまく融合させることによってのみ、物流DXを成功させることができるのです。

私の会社は企業の物流デジタル化の支援をしていますが、1年ほど前から私のもとに寄せられる問い合わせや相談の内容も大きく変わってきました。これまでは「誤出荷を減らしたい」「ピッキングを効率化したい」「在庫を適正化したい」といった具体的かつ、短期的な課題解決のためにシステム導入を検討される企業がほとんどでした。

しかし、ここ最近は「新しい事業を展開するうえで物流システムをどう構築するか」「デジタル化を進めたいがどうすればいいか」「DX推進プロジェクトを立ち上げたいので協力してほしい」といった中長期的な視点での相談が増えてきました。

従来のIT化とは一線を画す物流DXを目の前にして、おそらく誰もがどのように実践していけばよいのか、迷っているのではないかと思います。

物流ＤＸを推進するには、デジタル技術の活用など「攻めのＩＴ投資」が必要です。しかし、実態はその逆になっています。ＪＵＡＳ（一般社団法人 日本情報システム・ユーザー協会）の「企業ＩＴ動向調査２０１７」によると、日本企業のＩＴ関連予算の80％は現行ビジネスの維持や運営などの「守りのＩＴ投資」に割り当てられています。

小さい会社ながら私も経営者という立場ですから、企業が大きな投資を行う際には、費用対効果が重要であることは理解できます。とはいえ、ある程度の導入効果が見えているシステム投資は従来のＩＴ化と変わらないのではないでしょうか。

しかし、物流ＤＸを真に成功させるには、短期的な効果で判断するのでなく、自社の未来を10年先、20年先まで見据えた長期的な視点で積極的に投資し、開発を進めることが重要なのです。

大企業で進む物流ＤＸ

国内企業でいち早く物流ＤＸの必要性に気づいたのはユニクロを運営するファーストリテイリングです。ユニクロはファストファッションを扱うアパレル業あるいは小売り業として知られていますが、製品開発から製造まで自社で行っていますから、製造業の側面ももっています。

同社が取り組んだのが倉庫の完全自動化です。これまでの倉庫のオペレーションはどうしても人海戦術に頼らないといけない部分があり、人手不足のなか、人件費が高騰していました。そこで倉庫を完全自動化することでコスト削減と人手不足の解消を狙ったのです。

このような物流ＤＸが可能なのは、同社が大企業で資金も豊富だからではないか、と考える人も多いかもしれませんが、そうではありません。

企業の規模が大きくなるほど社員は多くなりますから、改革の意義を浸透させ、気持ちを一つにまとめるのは大変です。また、取り引き先の数も多くなりますから、システムの変更について一社一社と合意していくのは気が遠くなるような作業です。

社員10名程度の会社であれば「明日からウェブ制作会社になろう」と言ってもなんとかなるかもしれません。しかし、社員を何万人も抱える企業がいきなりビジネスモデルを転換するのは不可能です。取り引き先、株主などの数多くの利害関係者がいるなかで、自分たちのやり方を変えるのは簡単ではないのです。

その意味では、会社の規模が小さいほど、変革はしやすいのです。ただ、私が強調したいのは、「企業の規模は関係ない」ということです。多くのグループ企業を抱える大企業でも、社員10名の小規模事業者でも、改革を成功させるために必要なのは「経営者の意識改革と決意」です。それなくしては、どんな小さな改革も実現しません。

また時代の大きな流れを理解して改革を実施していかなければ、急な変化にとまどうことになります。それを怠った途端に破綻の危機に陥ることさえあります。経営トップがそのことを強く認識しなければなりません。

特に今は、どこか一つの部分を改革して最適化していくだけでは対応できないような変化が起きています。既存の仕組みを一度壊して、またつくり直すくらいの思い切った改革でなければ、世界のデジタルシフトには追いつきません。

デジタルシフトを進めない限り、激化する市場競争を勝ち抜くことは、ますます困難になるでしょう。デジタルシフトの目的は「効率化や省人化」ではありません。顧客ニーズを叶えるために必要なインフラを考え、デジタルで再構築する。この〝顧客ファースト思考〟への転換こそが目的であり、本質です。

そのときに必要になるのが、強力なリーダーシップです。トップがリーダーシップを発揮して、全社を巻き込む覚悟が必要です。企業の将来を左右するような改革を現場の社員や外部のコンサルタントに任せておくわけにはいきません。

ファーストリテイリングが改革を実現できたのも柳井正氏がリーダーシップを発揮した

からです。トップダウンで、「服屋ではなくデジタル企業になるつもり」でビジネスモデルを抜本的に見直すことを示し、自らが率先して動いたのです。それによって社内の意識改革が実現し、パラダイムシフトが起きたのです。

物流ＤＸが進まないのは経営者に問題がある

一方で中小製造業では物流ＤＸがほとんど進んでいません。それは企業の規模や資金力が原因ではありません。原因は経営者にあると私は考えています。

私たちの会社は企業の物流改革を支援していますが、ミーティングの場にトップやトップに近い権限をもった経営層が出て来ないことがあります。現場の社員に「おまえたちＤＸ頑張れよ」と指示を出すだけなのです。

中小企業の経営者には高齢の方も多く、「デジタル」に苦手意識をもっている人が多いからでしょう。だからこそ現場に丸投げしてしまうのですが、ＤＸは現場の仕事をＩＴ化して業務を効率化するような改革とはまったく次元が違います。

単にＩＴ化による特定の業務の課題解決ではなく、デジタル技術を活用して企業に大きな変革をもたらすことができます。デジタル技術はそれだけの可能性をもっています。だからこそトップ自らが決断し、決意をもって進める必要があるのです。

とはいえ、経営者が一人で考えたり決断したりするのは難しい場合もあります。そのようなケースでは外部のコンサルティング会社に入ってもらう、あるいは社内のさまざまな部署からメンバーを集めてプロジェクトチームを立ち上げるのもいいでしょう。

どんなことであれ、経営者が行動を起こすことが大事であり、それが社員に伝わることが重要です。

物流ＤＸで目指すべきは「省人化」と「標準化」

では、中小製造業は物流ＤＸでどこに注目して取り組むべきでしょうか。それを知るためには、これまで物流分野で起きてきたイノベーションについて知っておく必要があります。物流分野では過去に大きなイノベーションが３回起きています。それらはロジスティクス１・０〜３・０といわれています。そして今回の物流ＤＸはロジスティクス４・０に位置づけられるものです。

最初のイノベーション「ロジスティクス１・０」は、鉄道の出現がきっかけでした。それ以前は馬や船などを利用した運搬が基本でした。しかし、蒸気機関車の登場で鉄道輸送が可能になり、大量輸送時代の幕が開けたのです。

「ロジスティクス２・０」は、荷役の機械化により起こりました。荷物を運搬するには仕分けしたり、積み込んだりしなければなりません。当時は人間が手作業で行っていましたが、大量に処理するには限界があります。そこでフォークリフトやパレットが登場し、荷役を効率化できたのです。

「ロジスティクス３・０」は、コンピュータの普及によって起こりました。１９８０年代になってコンピュータが普及すると、物流の世界にはＷＭＳが導入されました。これにより、倉庫内の商品の管理が正確になるとともに、入荷、保管、ピッキング、検品、梱包までの一連の作業がトータルで管理できるようになり、倉庫管理がデジタル化されました。

そして現在進みつつある物流ＤＸが「ロジスティクス４・０」です。

「ロジスティクス４・０」の本質は「省人化」と「標準化」です。これにより人的リソースに依存しない「脱労働集約」を目指しています。

「省人化」は人の仕事をロボットやＩＴで自動化するイノベーションであり、「標準化」は必要となるオペレーションやデータの規格などでより良い選択をし、その選択結果を標準とすることで、統一、単純化を図ります。

つまり、「標準化」が「省人化」を実現するうえでのベースとなり、この２つはセット

▶ロジスティクス4.0の本質

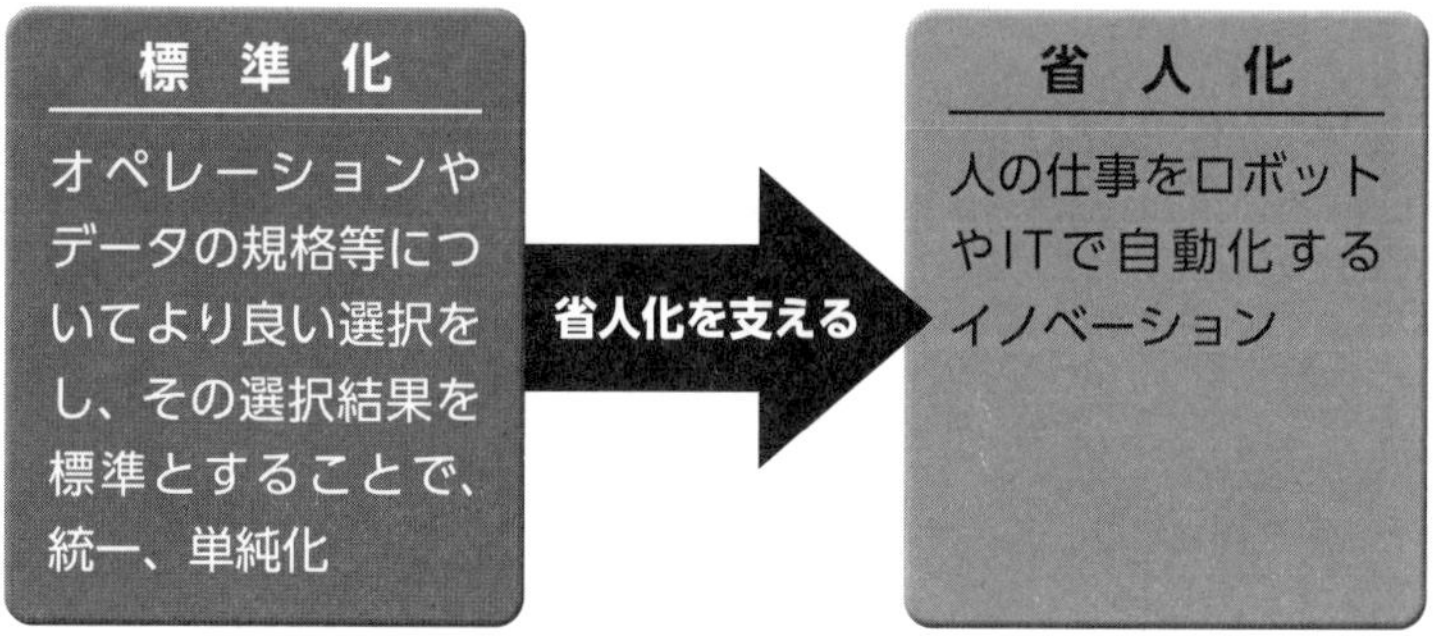
標　準　化
オペレーションやデータの規格等についてより良い選択をし、その選択結果を標準とすることで、統一、単純化
省人化を支える
省　人　化
人の仕事をロボットやITで自動化するイノベーション

で検討する必要があります。

国内の物流にも、過去にこの「標準化」と「省人化」でイノベーションを起こした業界があります。それはコンビニエンスストアの配送と宅配物流です。いずれもそれまでの物流の概念を覆すことで、飛躍的に市場を伸ばしました。日本のコンビニエンス配送と宅配物流が実現した高度で確実な商品配送は、世界トップレベルです。

コンビニ配送では、現在商品を届ける配送車は１店舗・１日あたり約９台です。商品の品質を維持するための温度帯は常温・定温・チルド・冷凍の４つに分かれて確実に配送されています。

しかし、日本にコンビニが登場した当初は１店舗・１日あたり70台の配送車が商品を届けていたといいます。当時はメーカーごとに商品を配送するのが一般的だったため、食品のほか、日用品や雑貨までさまざまな商品を扱っているコンビニには、次々とトラックが

▶コンビニの配送システム

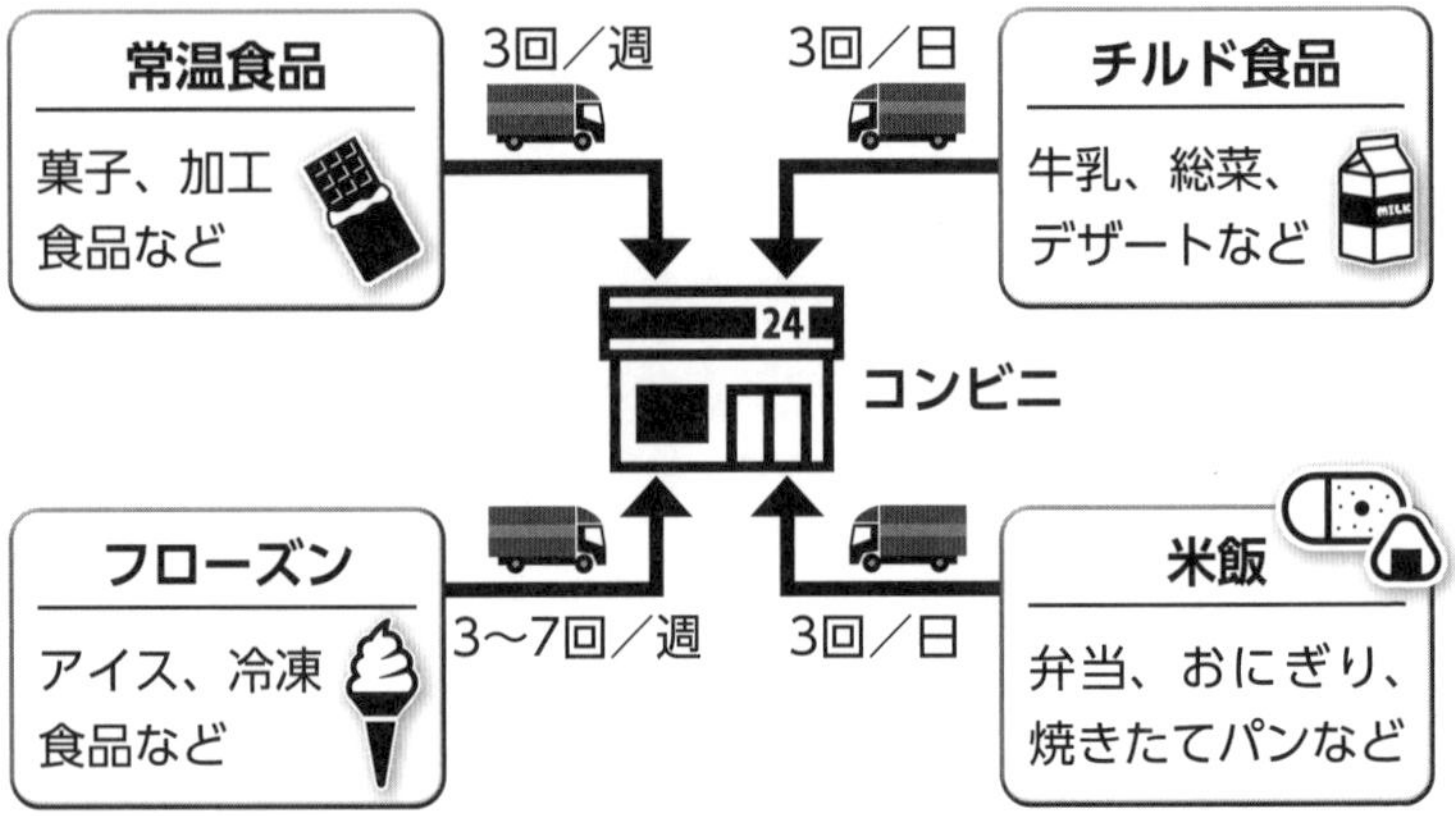

訪れ、納品していったのです。

しかし、現在では共同配送センターによって店舗ごとに仕分けをしてこの回数を大幅に減らすことを可能にしたのです。これも「標準化」と「省人化」によるイノベーションの好例といえます。

在庫は集中管理から分散一元管理の時代へ

「標準化」と「省人化」に注目したうえで、実際に物流ＤＸを進めるには、まず物流業界の動向を知っておく必要があります。最近の大きな流れとして、在庫の管理方法が１８０度変わってきたことが挙げられます。

国内ではこれまで、在庫は一元管理が効率的だといわれてきました。なるべく在庫を1カ所に集約してもとうというものです。それにより在庫を最小限に減らすことができるからです。在庫を分散して保有すると、拠点ごとに安全在庫をもたなければならないので、在庫の総量は全体として見ると増えてしまいます。この点でも一元管理が有利です。

また、在庫を分散してもっと品質管理や発注管理などを拠点ごとにしなければなりません。そのためには人も必要になりますし、コストも手間も掛かるのです。だからこそ、在庫は一元化するのが理想とされていました。しかし、この考え方が盲点となって改革が進んでこなかったのです。

そこで最近では3つの視点から、在庫の分散管理の必要性に注目が集まっています。

一つ目はBCP（事業継続計画）の観点です。これは、企業が自然災害、大火災、パンデミックなどの緊急事態に遭遇したときに、事業資産の損害を最小限にとどめつつ、中核となる事業の継続あるいは早期復旧を可能とするために、平時から準備しておく事業継続のための方法や手段です。

ここ数年では毎年のように自然災害が起きており、そのたびに物流網が分断されます。例えば、関東から関西へモノが運べなくなり、関西の店舗から商品が消えるような事態がよく起きています。

これは消費者の生活を脅かすことになりますし、メーカー側にしてもなんとかしなければば事業が成り立ちません。そこで納品先あるいはユーザーにできるだけ近い場所で在庫をもとうとの動きが出始めています。国内の物流網が寸断されても、関西分の在庫を関西で保有していれば、問題ないのです。

二つ目はリードタイムの短縮です。ユーザーの近くに在庫をもつことで、注文から納品までの時間を短縮できます。これまで2日で運んでいたものが1日で納品できれば、顧客満足度が高まります。それは競合他社との差別化につながります。

三つ目は人手不足の解消です。物流業界では今、長距離ドライバーの不足が深刻になっています。長距離ドライバーの仕事は、長時間労働が常態化していました。一人のドライバーが東京から大阪へ荷物を運び、再び東京に戻って来る。そんな仕事を1日でこなしていたのです。

しかし、働き方改革のなかで、労働時間を短くするために「長距離を走らせるな」という風潮が主流になっています。これは労働コンプライアンスの問題ですから、無視するわけにはいきません。今は長距離を一人のドライバーが運転することはできなくなりましたので、途中で中継が必要になっています。

例えば、東京―大阪間であれば、中間地点の静岡・浜松あたりで中継が必要になります。東京を出発したドライバーは浜松で大阪から来たドライバーに荷物を引き渡します。

そのためには、コンテナを引き渡す場所が必要ですし、コンテナ自体がスムーズに引き渡せる仕組みになっていなければなりません。それには莫大な投資が必要ですから、簡単には実現しません。

そこでメーカー企業では中距離、短距離のドライバーを活用した物流網の再構築が急務になっています。

このような理由から在庫は分散管理が主流になりつつあります。

ただし、単純に分散保有すればいいという問題ではありません。最も大きな課題は基幹システムとの関係です。基幹システムとは仕入れを管理したり、顧客から注文を受けたり、請求書を発行したりする企業の根幹システムのことです。

在庫管理のシステムは基幹システムにぶら下がる形になっているのが一般的です。いまだに古い基幹システムを利用している企業も多く、在庫管理の部分では複数の拠点に対応していないケースが多いのです。

倉庫が1カ所であれば、受注に対して在庫を引き当てして、出荷して納品する一連の流れができていますが、倉庫が複数になると、このオーダーには、どこの倉庫の在庫を引き当てるのがいいのか、との問題が出てきます。

しかし、複数の拠点に対応するには、システムの大改修が必要になります。莫大な時間とコストがかかります。物理的に在庫を分散するだけでは済まないのです。在庫は分散しても、一元管理できる仕組みをもたなければ意味がありません。これは企業の規模が大きくなればなるほど難しくなります。

加えて倉庫の確保の問題もあります。新たな倉庫会社と契約して、その会社のシステムとどうつなぐかの問題もあります。これらを一つひとつ解決していかなければなりません。

実際には第3章で紹介するOMS（オーダーマネジメントシステム）を使って仕組みを構築していきます。OMSはオーダーに対して、どの拠点の在庫を引き当てるか、どの運送会社で運ぶかを自動的に判断するものです。もはやデジタル化をしなければ対応ができなくなっています。

欧米は分散一元管理が基本

国内ではようやく注目され始めた在庫の「分散管理」ですが、欧米では以前から分散管理が基本です。日本は国土が狭いため、集中管理でも商品を届けることができました。しかし、欧米は広大なエリアを対象にしているので、分散して在庫を保有していなければ顧客に届けることができないのです。

そのため分散した在庫を一元管理するべく、欧米ではデジタル技術がいち早く取り入れられてきました。古い基幹システムも複数拠点を前提につくられていますから、分散管理をさらに広げる際にも比較的簡単に対応が可能です。今後は日本でも欧米の在庫管理の方法を見習っていく必要があります。

ただ、分散管理すると、在庫が増えてしまいがちです。そのため、いかに在庫を増やさないように管理するかが大事になります。しかし、在庫を減らしてしまうと九州の顧客に納品する際、関東地域の倉庫から運ぶのではコスト的に不利になります。顧客の希望する範囲内の時間で、できるだけ低コストで納品するための在庫バランスを考慮しておく必要があり、在庫は分散していても一元的に管理する必要があるのです。

世界の先進国企業の間では、ロジスティクス・マネジメントの重要性が高まっています。ロジスティクスが付加価値を生むととらえ、戦略的に取り組んでいるのです。だからこそ、積極的な改革が進められてきました。

しかし、日本ではロジスティクスは単なるコストの対象としか考えられていないのが実状です。それは人材の確保にも表れています。

例えば、ＩＴ企業なら理系を専攻した人材が優遇されます。銀行や証券会社等では経済学や商学を学んだ人材が優遇されるのではないでしょうか。物流業ではどうでしょうか。

どんな人が優遇されるのか、すぐに思い浮かびません。国内の多くの企業では、いまだにロジスティクスに専門性を求めてはいません。「入社して現場で鍛えれば十分だろう」「物流はアウトソースすればいい」と考えています。

一方で、米国や中国では、ロジスティクスを専門に学んだ学生が優良企業に積極的に採用されています。日本でもロジスティクス戦略の重要性を理解し、意識改革を進めていかなければなりません。

在庫を把握しなければ在庫は削減できない

国内ではこれまで在庫管理の重要性があまり認識されていなかったため、在庫を正確に把握していない企業も少なくありません。そもそも会社の在庫を正確に把握できる仕組みをもっていないのです。何をどれくらい保有しているか、在庫を把握していなければ管理もできません。結果、減らすこともできないのです。

「適正在庫」という考え方がありますが、これは決して「在庫を減らすほどいい」というものではありません。つまり、「在庫を減らすこと＝適正在庫」ではないのです。例えばトップダウンで「在庫が多いから減らせ」と指示を出して、実際に減らしたら売上が低迷してしまったという話はよくあります。また、ネットショップ事業では在庫を多くもつことで売上が向上するケースもあります。このように、自社にとって適正在庫とは何かをしっかりとらえたうえでシステム構築をする必要があるのです。

第2章

物流DXへの第一歩、
倉庫管理の改革から始める
サプライチェーン・マネジメントとは

物流DXはサプライチェーン・マネジメントが鍵

製造業をはじめとして、小売り業やサービス業などさまざま業界で物流コストを削減する取り組みが行われています。その多くは自社内の効率化を進めるものですが、すでに一社単独で取り組む物流コストの削減には限界が訪れています。

そこで注目されているのが、サプライチェーン全体で取り組むコスト削減です。つまり一社単独ではなく、サプライチェーンを巻き込んだ物流DXをすることで、さらなる効率化を実現するのです。

私たちが支援する企業にもサプライチェーンを巻き込み、コストダウンに成功している企業が数多くありますが、決してスムーズには進みません。取り引き先に協力を要請しても乗り気ではないケースがほとんどだからです。

それでも、社長が熱心に説得することで「社長がそこまで言うなら」と重い腰を上げて、ようやく動きだします。全体最適の視点で大きな改革を実現するには、やはりトップの決断が重要です。

全体最適が実現すれば、自社だけの利益ではなくサプライチェーン全体の利益につながります。それがサプライチェーンの競争力強化を実現します。

実際にサプライチェーン全体を巻き込んでいくには、サプライチェーン・マネジメント（ＳＣＭ）の考え方を知っておく必要があります。在庫管理を含めたＳＣＭは、欧米で古くから実践されてきました。

製造業や小売り業など「ものづくり」あるいは「流通させる」ビジネスに身をおいている経営者であれば、サプライチェーン・マネジメントについて少しは勉強したことがあるかもしれません。しかし、多くの経営者がその基本をしっかりと理解し、原則を自社のビジネスに応用できていないのが実情です。

サプライチェーン・マネジメントの歴史

ＳＣＭを理解するには、まずはその成り立ちについて把握しておいたほうがいいでしょう。サプライチェーンとは、「原材料の調達から生産、流通を経て消費に至るまでのプロセスを複数の鎖に見立てたもの」です。そして、そのサプライチェーン全体のなかで、商品や物資の最適な供給を管理するのがＳＣＭです。

１９８０年代前半までは、在庫は流動資産であり、売上の状況に関わらず常に価値をもち続けるものという認識が一般的でした。その結果、売れない商品の在庫を抱えたままに

▶サプライチェーン概略図

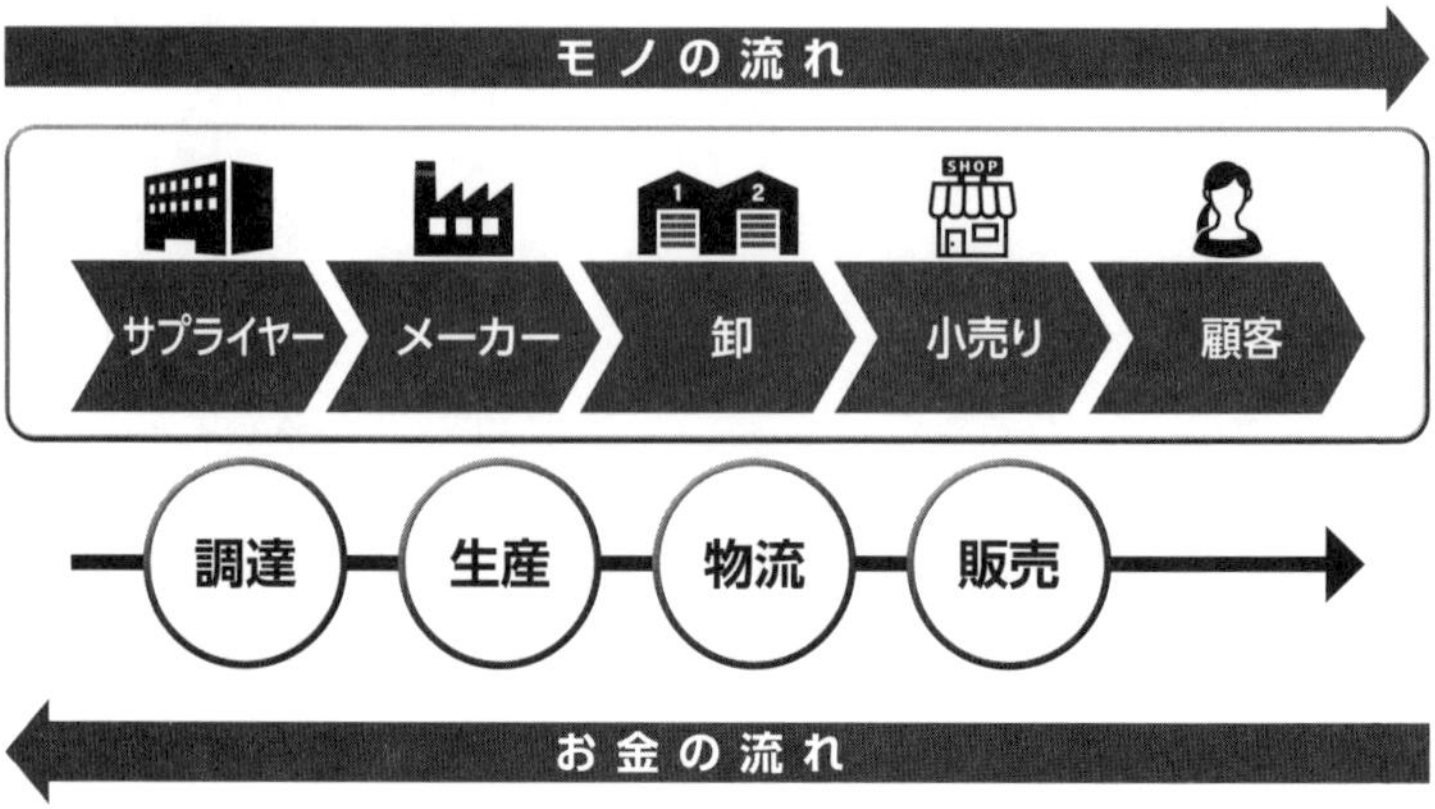

なりがちです。アイテム別売上高の下位5%の商品で総アイテム在庫数の半分程度を占めている企業が多くありました。

しかし80年代後半になって企業間の競争が激化し、増産、販売の拡大、商品の種類の多様化が進むと、在庫が不良資産化する可能性が指摘され始め、在庫管理が大きくクローズアップされました。当時はこの分野は未開拓だっただけに、「改革をすればコストダウンにつながる」ことに経営者が気づき始め、在庫削減への関心が急速に高まったのです。

SCMの取り組みが本格化したのは、90年代に入ってからでした。当時はアイテム数が膨大に存在し、生産管理や物流管理に大きな負荷を強いていました。担当者レベルではコントロールしきれず、過剰在庫や欠品が発生する原因になっていたのです。

需給体制も合理的とはいえませんでした。営業部門が販売計画を立て、それに基づいて生産部門が生産計画を立てていました。営業サイドは欠品を恐れるあまり過剰な販売予測の数字を提出する一方で、生産サイドは製造ラインの操業率を優先していました。

企業内に複数の数値が統一されないまま使用され、需給調整は困難を極めていたのです。

2000年代前半には、日本にも海外のSCMパッケージが入って来ました。海外のエクセレントカンパニーの成功事例を引っ提げて、代理店が国内を営業して回ったのです。結果、多くの日本企業が数億から数百億円に及ぶ莫大なコストを支払って、SCMパッケージを導入しました。

企業はSCMパッケージによって営業から上がってきたデータを基に需要を予測し、生産計画を立てるようになりました。そして、関連部門はこの数値に従って活動するルールを定めました。このシステムには需要予測データのほかにも生産計画、あるいはアイテムごとの在庫量や生産量などあらゆる情報が入っています。社内のどこからでも同じデータを閲覧することが可能になったのです。

全員が情報を共有することで、過剰在庫を生み出す原因になっていた生産や営業の不安が解消されました。また、需給の新ルールを定着させることで、生産のリードタイム短縮化や計画サイクルの見直しなど多くの改善施策を実施しました。これらの取り組みが功を奏し、企業の在庫は順調に減っていったのです。

2000年代前半には「在庫削減」をメインテーマに位置付け、華々しい成果を上げる企業が増えていったわけですが、一方でSCMパッケージの導入に失敗する企業も後を絶ちませんでした。

2000年代半ばに入ると、在庫削減の効果が足踏みを始めました。企業の在庫削減は、ほぼ限界にまで達していたのです。また、需給の現場では新たな問題も出始めていました。システムが弾き出した需要予測に従って在庫を保有するルールは徹底されていましたが、半面、需給に関わるスタッフがシステムに振り回され、その数字を後追いすることに終始するようになっていたのです。

いつしかシステムをうまく回すことが目的になってしまい、逆に過剰な欠品を生むなどの非効率にもつながっていたのです。

それもあって、2000年代後半になると企業は「在庫削減」の旗を降ろし、SCMの目的を「コスト削減」から「全体最適による企業体質の強化」にシフトしていきました。そして現在は、持続可能性の高いSCMが目的となっています。

在庫の効率化だけにとどまらず、全体最適の視点から、製品を安定供給するための持続可能性を高めるために、何がベストなのかを意識しながら、社会に貢献できるＳＣＭを志向し始めているのです。

サプライチェーン・マネジメントで何が実現するのか

高度経済成長期には製品を作れば作るほど売上が上がりました。商品のライフサイクルも長かったので、在庫を積み上げても問題ありません。大量生産して在庫をどんどん増やしました。ところが、「作れば売れる時代」が終わり、顧客が欲しい「商品」を欲しい「タイミング」で供給することが重視されるようになりました。

顧客の変化に直面した企業は、供給マネジメントの方法を大きく変えることを迫られたのです。ＳＣＭは、商品やサービスの供給手段に注目することで最小の努力で最大の効果（利益）を上げる経営管理手法の一つです。ＳＣＭの不変テーマは「必要なものを、必要な場所に、必要なときに、必要な量だけ届けるために、マネジメントの質をどこまで高めることができるか」です。

数多く関係組織があり、そこには人が所属していて、多種多様なリスクと利害が存在します。制約条件が複雑に絡み合うなかで「最大限の利益」を「持続的」に上げ続けるために、経営者にはどのような戦略計画が求められるでしょうか。

ピーター・ドラッカーは著書『マネジメント［エッセンシャル版］基本と原則（ダイヤモンド社）』のなかで、戦略計画とは、

1　リスクを伴う起業家的な意思決定を行い

2　その実行に必要な活動を体系的に組織し

3　それらの活動の成果を期待したものと比較測定する

という連続したプロセスが必要であると述べています。

変化する環境への将来を見据えた対応を考え、限りある経営資源を使って、永続的に〝儲け続ける〟手段の一つとして、経営者自らがサプライチェーン・マネジメントの重要性を認識し、社内にその必要性と実行力を浸透させていかなければなりません。

しかし、経営者にとっては、具体的に自社が何をしたらよいのか分からない、今、自社で取り組んでいることがＳＣＭといえるのかどうか分からない、というのが本音でしょう。

そこでＳＣＭとは何かを理解するために、ＳＣＭによって企業が手に入れることができる効果について、事例を交えて詳しく紹介していきます。

在庫の分散管理で収益性を劇的に向上

中堅の医療機器メーカーのM社は、病院や医療施設、介護施設などに医療用の機器を納入しているメーカーです。長い間、事業は堅調に成長を続けていましたが、ここ数年は競合他社の台頭もあり、機器の販売は鈍化気味で、利益率も徐々に下がり始めていました。原因を調べてみると、ここ数年は製品の販売に集中するあまり、消耗品の供給で他社より後れを取り、顧客へのサービス力が低下していました。機器の在庫は常に過剰気味で、消耗品の在庫は常に不足気味であることも分かりました。

消耗品は即納が要求されますので、欠品が多い状態は消耗品市場で他社に大きく水をあけられてしまいます。

M社の社長は、この事態を自社ビジネスの転換点として前向きにとらえ、トップダウンで倉庫管理を改革することにしました。まず、弱みとなっていた消耗品の在庫を増やし、顧客の近くで在庫を保有して受注後24時間以内に納入できる体制を整えました。

これにより消耗品の在庫は1.5倍に増えましたが、消耗品による売上も大幅に増え、顧客満足度も向上し、製品の受注増加につながりました。

次に製品の過剰在庫にメスを入れました。製品を提供価格帯で大きく3段階に分けて、

▶M社が取り組んだ SCM

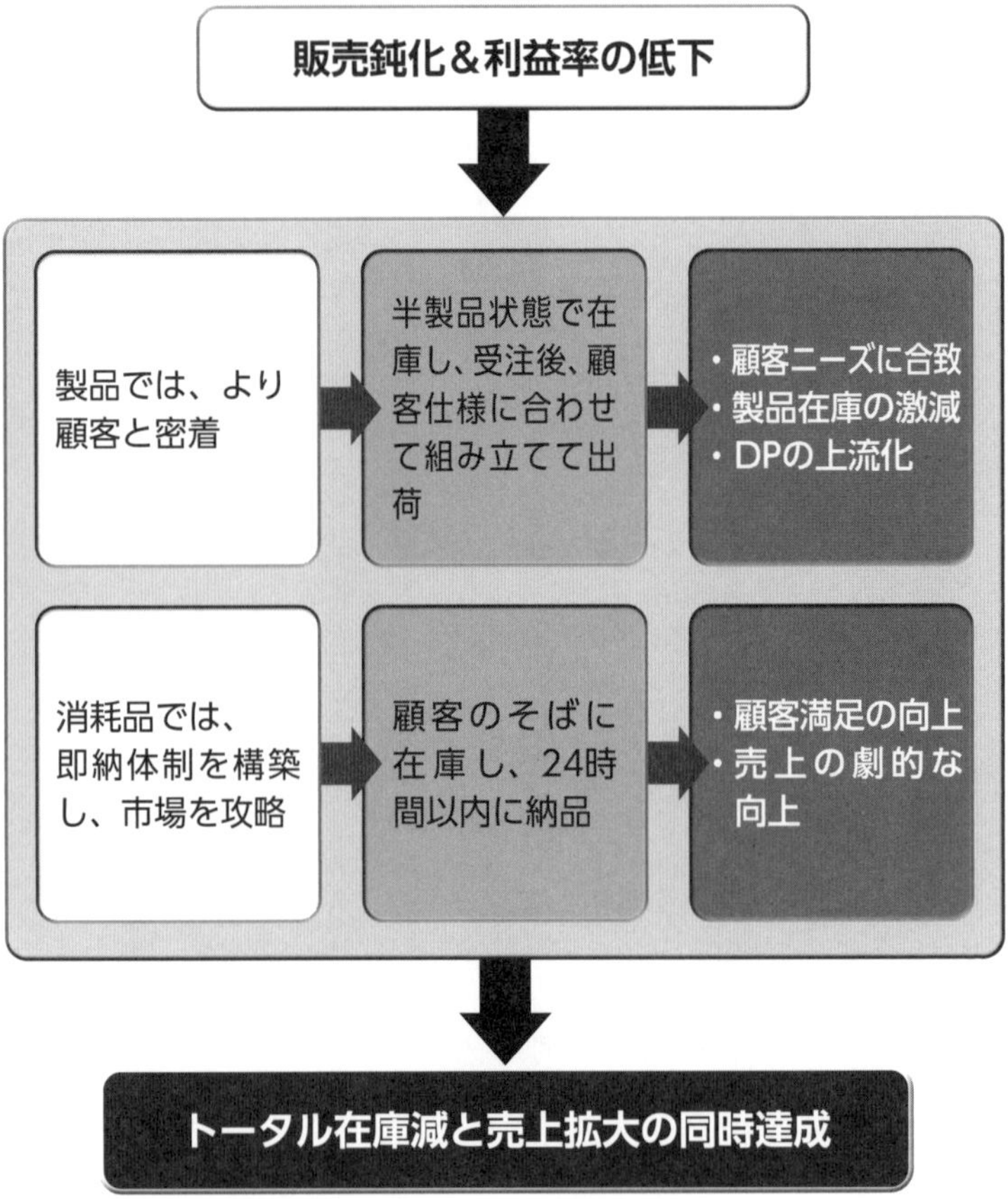

※注：DP …デカップリングポイントの略

最も高価な価格帯の製品は在庫を保有せず、半製品状態で受注を取り、顧客の求める機能や仕様に変えて納品する方式に変えました。見込み生産型から受注組立生産型へ大きく転換したのです。

その結果、大幅に在庫を減らすとともに、顧客満足度を向上させることができ、収益性も大きく改善しました。

リードタイムを短縮し市場動向に迅速に対応

創業からずっと精密機器を製造している製造装置メーカーS社は、メイン製品の生産リードタイムが3カ月かかっていました。

営業サイドも製造サイドもそれが当たり前となっていたのですが、競合他社は同じ製品をその半分のリードタイムで顧客に提供しています。S社の市場シェアは徐々に奪われていき、決算で赤字を計上してしまいました。

年度末の在庫を調べてみると、莫大な数が残っていました。その原因はすぐに分かりました。「長い生産リードタイム」と「予算の縛り」です。

営業サイドは、3カ月先の製品の仕上がりを見込んで販売計画を作成します。しかし、

3カ月先の顧客動向を正確に読むことは困難です。そのため、多めに見込むしかありません。さらに予算必達の風潮が強く、一度立てられた販売計画の下方修正は許されませんでした。工場側も予算必達に向けて生産を続けた結果、年度末になって売れ残った在庫がS社の資金繰りを悪化させていたのです。

S社の社長は、販売の状況を見つつ迅速に市場動向に対応できる体制にしなければならないことを痛感しました。生産のリードタイムを短縮し、早期に生産の下方修正や増産を指示できる組織にするためにSCMに着手しました。

最初に手をつけたのは、生産計画作成のサイクルを変更することでした。それまでは月単位で生産計画を作成していましたが、週単位に変更しました。生産サイドは大変ですが、これで迅速に生産数を上げたり、下げたりすることができるようになりました。

次に、生産ロットをできるだけ小さい単位で、できれば1台単位で製造できるように、大幅に生産方法を変更しました。さらに、3カ月先の生産指示を4週先の生産指示に変更しました。これらの改革によって、生産のリードタイムは従来の3分の1に短縮されたのです。リードタイムが短縮されたことによる事業への効果は劇的でした。S社の在庫は半分以下になり、タイムリーな製品供給体制で受注も増え、資金繰りが驚異的に回復しました。

S社の社長はSCMの威力にただ驚嘆するばかりでした。

▶S社が取り組んだ SCM

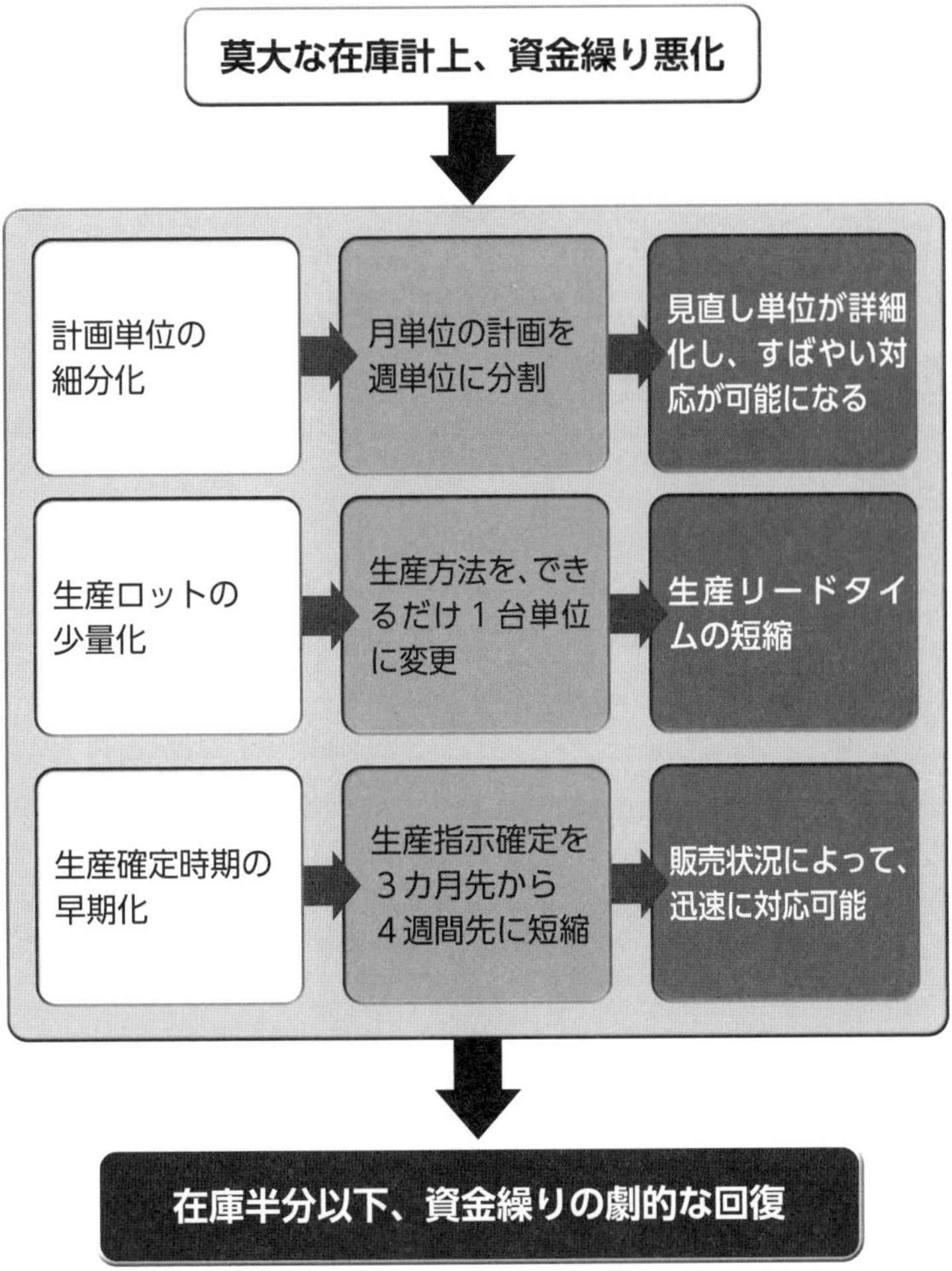

部品と製品の在庫を削減させキャッシュフローをV字回復

組織における最大の改革とは、すでに設定されている目標に内面的な目標を合致させることです。経営者の意志は、その実践を通して表れます。何よりもまず、社員に「改革が必要であり、今それが自分たちに求められている」ことを理解してもらうことが重要です。

次に、その理解を消極的なものではなく、積極的な認識へと変換し、それを実践させ拡大しなければなりません。そのために経営者は自らの言葉で「なぜ、それをする必要があるのか」「目標を達成することで、自分たちの状況がどう変わるか」を伝えます。

最後に、目標を達成することが「自分たちにとっての使命である」との信念をもつように働きかけます。社員が改革の実践すべき義務を理解し、積極的に実践できる環境が調うことによって、実践スピードが飛躍的に増すのです。

製造業の多くは顧客からの発注に応えられるよう、常に一定の在庫を抱えています。受注したときに在庫がなければ、即時納品ができず機会損失につながる可能性があるからです。

T社も即時納品をできるように常に一定量の在庫を抱えていました。しかし、市場の急激な変化により、創業以来最大のピンチを迎えます。

T社はWEBカメラなどの映像用電気機器の製造・販売を手掛けており、シックなデ

▶組織における改革に必要な要素

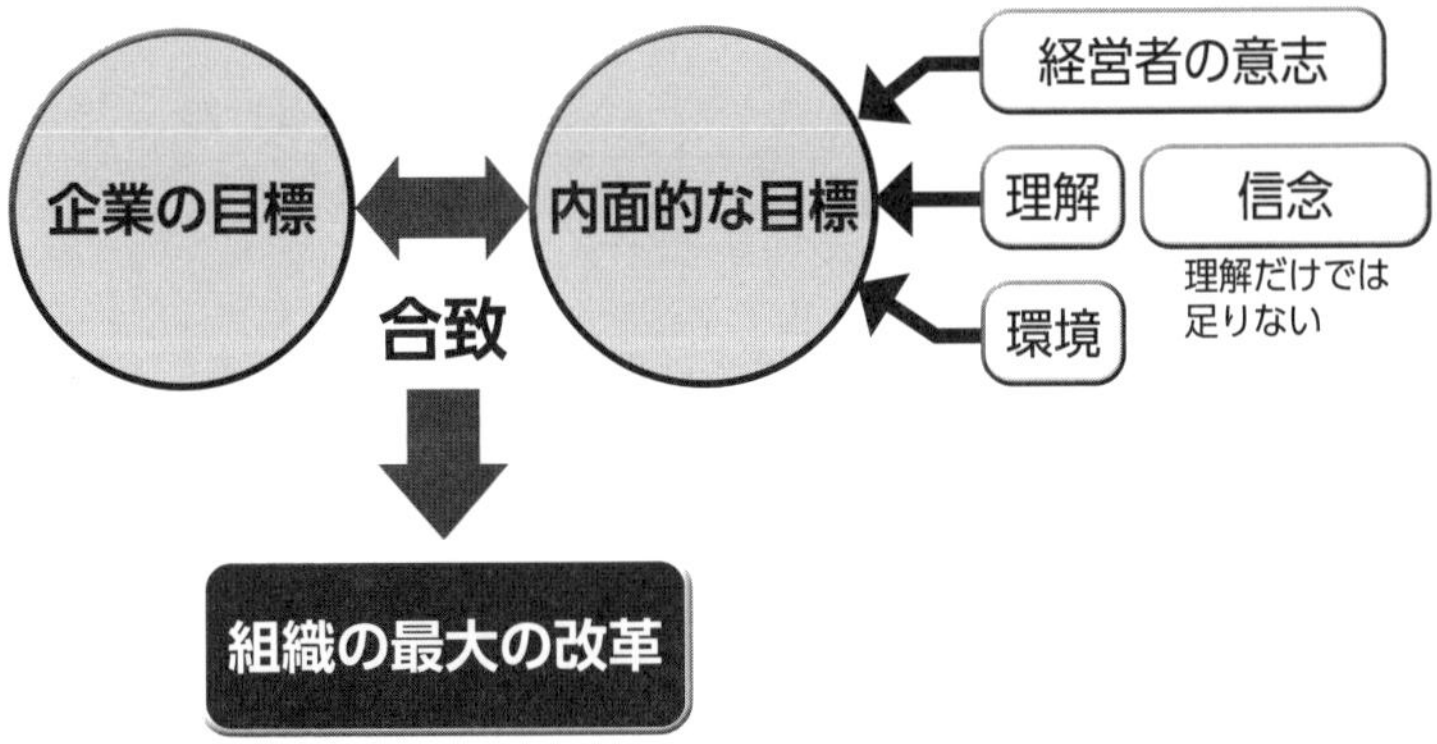

ザインと他社にはない独自の機能が市場で顧客ニーズをとらえて安定的な売上を確保してきました。

しかし、昨今のオンラインブームにより競合メーカーが登場し、多くの企業がしのぎを削るレッドオーシャン市場になってしまったのです。

ある競合メーカーは海外の安価な部品を利用してT社と同じ機能を実装し、価格も２～３割安にして製品を投入してきました。それでもT社は技術革新型の製品で成功した経験がありましたから、高価な専用部品にこだわり続けました。

「安かろう、悪かろう」では、競合他社の製品を顧客が選ばないだろうと、T社の社長はたかをくくっていたのです。

実際には違いました。市場の競争は日ごとに激しさを増し、徐々にT社の商品は市場から取り残されていったのです。T社の社長は「2~3年というレベルではなく、わずか1年で立場が逆転してしまった」と、これまでに経験したことのない市場変化のスピードに驚きました。

また、競合他社は汎用部品を使っているので、専用部品のように調達に時間がかかりません。T社よりも少ない在庫でタイムリーに製品を市場に投入することができました。T社の倉庫には売れ残った製品と、高価な専用部品の在庫が山のように積まれていきました。

T社は急速に資金繰りが悪化していったのです。

T社の社長は早急にキャッシュを生み出す方策を打ち立てるために、倉庫管理のプロジェクトを立ち上げました。そして、①設計方針の改革、②調達の改革、③生産の改革の3段階でキャッシュフローを増大させる計画を策定しました。

これらが「なぜ倉庫管理と関係があるのか」と思うかもしれませんが、考えてみれば当然のことです。製品の設計によって、どのような部品を使い、どう生産するかが決まってきます。製品の企画や設計は倉庫管理と密接に関連してくるのです。

「設計方針の改革」ステップでは、汎用部品の活用と共通部品化を検討しました。競合他社の製品も調査しながら、汎用部品を使いつつ現状の機能と性能を実現する設計にしたのです。部品単価を下げ、共通部品を増やすことで、調達コストを抑えつつ、在庫管理コストも削減することに成功したのです。

「調達の変革」ステップでは、専用部品から汎用部品に変えることによって、調達のリードタイムを大幅に短縮し、市場への新製品投入がスピードアップしました。それにより、市場が変化しても柔軟に対応できるようになりました。

また、汎用部品のため余った在庫を引取る必要もなくなり、不良在庫リスクも解消されました。加えて共通部品を増やすことで、部品全体の在庫を減らしつつ、欠品も減らすことができました。

さらに汎用部品や共通部品の安全在庫を自動で算出する在庫管理システムに1000万円の投資をして、需要連動型の部品調達の仕組みをわずか3カ月で実現しました。

「生産の改革」ステップでは、大きく2つの点で生産のリードタイムを短縮し、製品在庫の滞留期間を短くすることで、キャッシュフローを増大させました。

1つは汎用部品に変えることによる部品調達リードタイム短縮です。2つ目は設計をシンプルにし汎用部品、共通部品を利用することで、これまで自社工場生産にこだわっていた生産を積極的に協力工場にアウトソースしました。これにより、需要に対して柔軟性のある生産体制を構築することに成功したのです。

これらの3つの改革により、T社のキャッシュフローは1年強でV字回復しました。現

▶T社が取り組んだ SCM

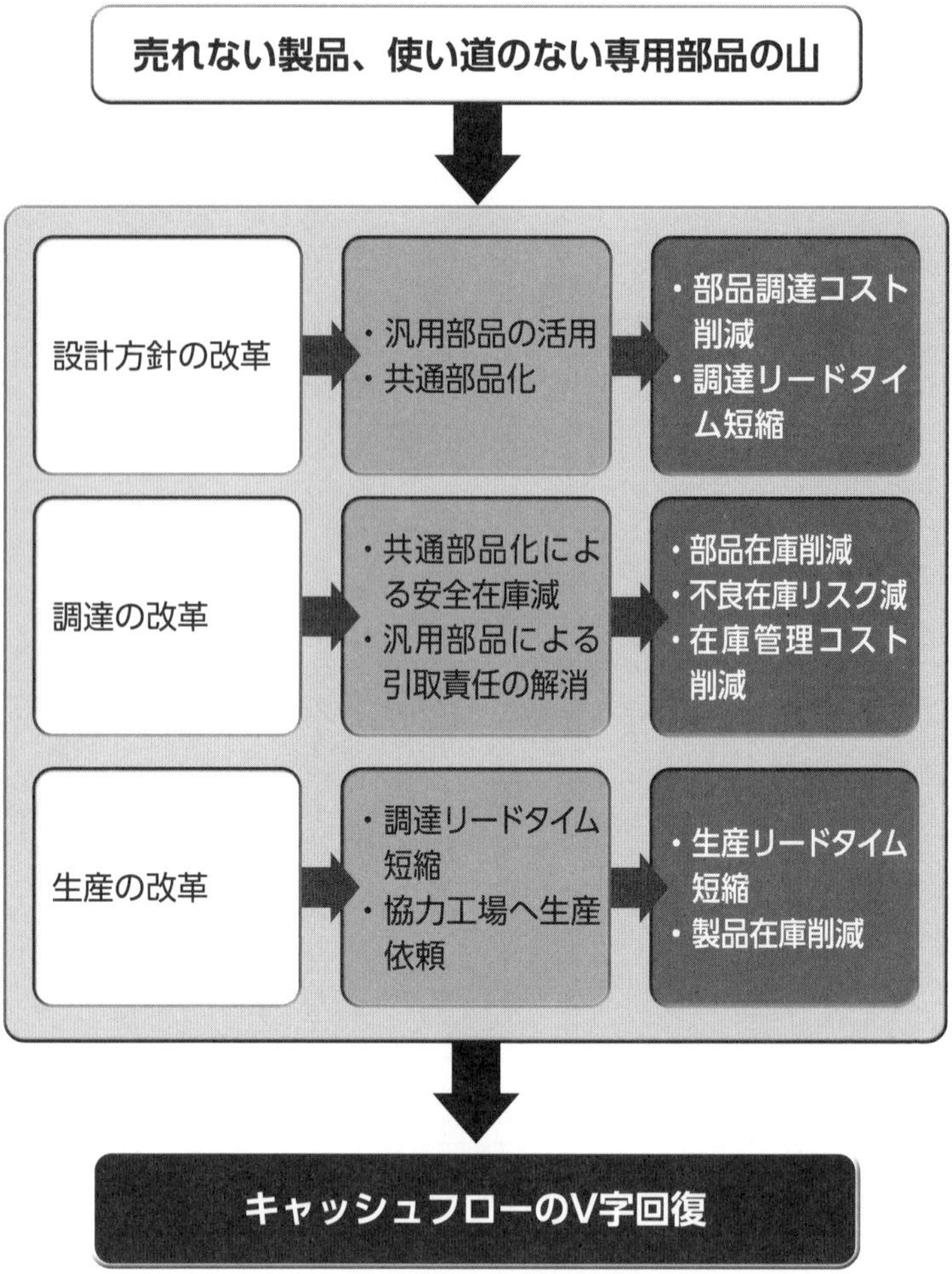
売れない製品、使い道のない専用部品の山
設計方針の改革
・汎用部品の活用
・共通部品化
・部品調達コスト削減
・調達リードタイム短縮
調達の改革
・共通部品化による安全在庫減
・汎用部品による引取責任の解消
・部品在庫削減
・不良在庫リスク減
・在庫管理コスト削減
生産の改革
・調達リードタイム短縮
・協力工場へ生産依頼
・生産リードタイム短縮
・製品在庫削減
キャッシュフローのV字回復

在では潤沢な資金を活用して新商品開発に投資を行っています。

在庫管理の適正化はさまざまな効果をもたらしますが、最終的には利益の向上につながります。

変容のリーダーシップを発揮し、SMC改革を成功へ

米国の経営コンサルタントであるトム・ピーターズが、著書『エクセレントカンパニー(英治出版)』のなかで、リーダーシップについて以下のように述べています。

「リーダーシップとは、会社のなかで物事が横道にそれたときに姿を現し、うまくいっているときには姿を隠しているものである」

リーダーの仕事とは、組織をつくり上げることであり、人と技術をうまく活用して、革新的で永続的な価値をつくり上げることです。そのためには、人の話を注意深く聞き、励ましの言葉を頻繁に掛けて、その言葉を信頼できる行動で裏付けてあげることが大切です。

組織に変容をもたらすリーダーシップとは、価値観を高め、次にそれを守り通すことです。ここで少し、「価値観」について考えてみたいと思います。

「価値観を高める」とよくいいますが、価値観とはいったいどんなものでしょうか。ある

▶変容のリーダーシップ

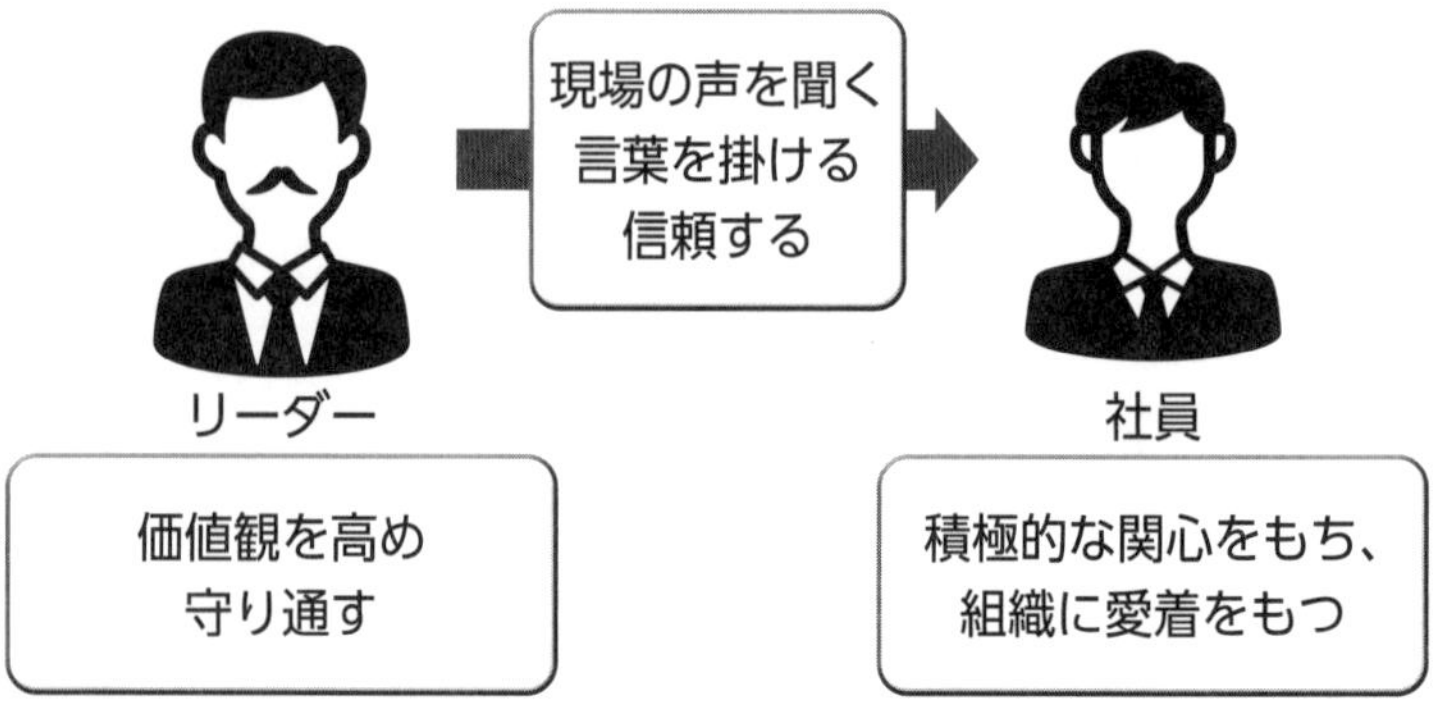

分野で「一番になる」ことかもしれません。

マクドナルドのレイ・クロックのように「ハンバーグを挟むあの丸いパンに美を感じる」ことかもしれません。IBMのトーマス・J・ワトソンのように「個々人を尊重する」ことなのかもしれません。アマゾン（Amazon）のジェフ・ベゾスのように「顧客至上主義」もそれに含まれるでしょう。

こうした考えを信じ、実践する企業では、常に「変容」が生まれているのです。

F社は食品トレー容器を製造する会社です。強みは、市場の変化と顧客ニーズを的確にとらえ、高い機能性とデザイン性をもった商品開発力です。コンビニエンスストアの登場で、一気に市場を拡大し、会社の売上も急成長しました。同社では、デザイン性を重視するため、材料工場できれいに印刷し、最終製品工場で納入形態に加工して出荷していました。生産のリードタイムは長くなりますが、製品の美しさやデザイン性で勝負をしていました。

同社は自社が保有する古いシステムが、急成長を支えられなくなったため、当時流行していた海外のサプライチェーン・マネジメントパッケージを導入することにしました。ところが導入したシステムは旧システム以上に使いにくいものでした。

海外製のパッケージ製品ということもあり、日本の商習慣に関する細かい対応が難しく、カスタマイズも簡単にはできません。それでも、稼働させることを最優先させたため、現場にまったくそぐわないシステムとなってしまいました。

受注や生産指示を入力するにも項目が多く、多くの画面を開かなければなりません。営業担当は入力を嫌がり、正確なデータがインプットされません。工場側への生産指示はメールやFAXになり、担当者間でその都度調整しなければなりませんでした。結果、導入前よりも状態が悪化してしまったのです。工場側も営業担当と電話やメールでやり取りするため、製品がいつ完成するかも分かりません。

そのうえ受注の大半を占めていたコンビニエンスストアも、製品のデザイン性よりもスピーディーな納品と価格をより重視するようになり、同社のリードタイムがネックとなっていったのです。

また顧客企業から納期確認が入っても正確な回答ができず、顧客がストレスを抱えるようになり、徐々に競合他社に市場を奪われていきました。

そのような状態のなか、社内では営業サイドと工場サイドで責任のなすり合いになり、全体会議では怒号が飛び交うようになっていました。

危機に陥ってしまった状況を改善するにはどうすればいいか、社長は解決策を模索しました。そこで気づいたのは、何よりもまず「営業と工場のコミュニケーションを向上させることが大切である」ことです。そもそも、営業サイドが把握している顧客側の「需要情報」と工場サイドが把握している「供給情報」はサプライチェーンの基本となる情報ですが、それがまったく共有されていないことが問題だと気づいたのです。

また、誰も状況を把握していないので都度調整が発生し、結果的に声の大きい担当者の意見が通っていました。会社として顧客戦略や製品戦略は、現場のオペレーションとまったく関連性がなくなり、その場しのぎの緊急対応の連続で高コスト化し、過剰在庫、欠品、納期遅延により現場は疲弊していたのです。

状況を改善するには、新しく導入したシステムに正確なデータを入力してもらうのが先決です。しかし、「入力しろ!」と声を荒らげて指示しても、効果は期待できません。なぜ入力する必要があるのか、なぜシステムを刷新する必要があるのか、自社の価値観と照らし合わせて現場に繰り返し伝えることから始めました。

価値観とは「高品質な製品をどこよりも早く、顧客が必要としているときに確実にお届けする」ことです。それを実現するには、システムの入力を極力簡素化し、正確に確実にデータ入力を行うことが重要であることを伝えました。現場の意見にも耳を傾け、改善を実行しました。

次に需要と供給のつながりを「見える化」するサブシステムを導入しました。材料と製品の在庫を管理するシステムです。材料と製品の出荷実績ベースで需要を把握し、安全在庫や必要量を算出し、営業と工場でこのデータを共有しました。

在庫管理システムで在庫をリアルタイムに管理し、販売計画、受注、生産指示数を関連付けさせて、工場サイドはこのデータを基に生産計画を立てるようにしました。

その結果、需要情報と供給情報が共通のデータで見えるようになり、全体会議ではこの情報を基に予算実行の予実管理（予算と実績の管理）が行えるようになりました。営業から工場まで、販売から材料までつながった情報連鎖が構築されたことによって、会社に信頼性の高いサプライチェーンが構築された瞬間でした。

これにより、営業と工場のコミュニケーションの質が劇的に向上しました。互いに責任

▶F社が取り組んだSCM

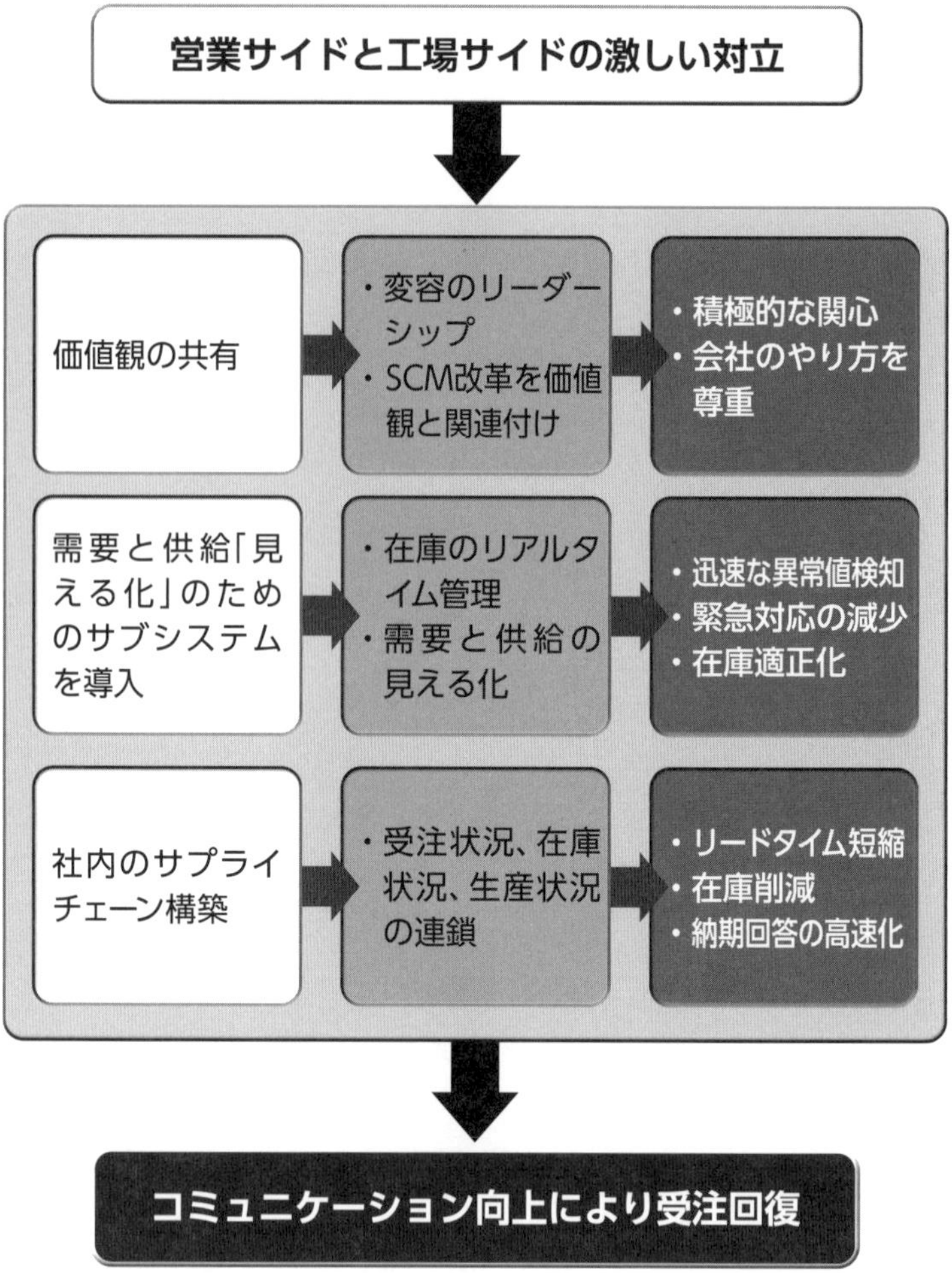

営業サイドと工場サイドの激しい対立
価値観の共有
・変容のリーダーシップ
・SCM改革を価値観と関連付け
・積極的な関心
・会社のやり方を尊重
需要と供給「見える化」のためのサブシステムを導入
・在庫のリアルタイム管理
・需要と供給の見える化
・迅速な異常値検知
・緊急対応の減少
・在庫適正化
社内のサプライチェーン構築
・受注状況、在庫状況、生産状況の連鎖
・リードタイム短縮
・在庫削減
・納期回答の高速化
コミュニケーション向上により受注回復

のなすり合いをすることはなくなり、データを活用した分析と改善、実行が実践されるようになりました。リードタイムも短縮され、コスト競争力も向上し、お客さまに納期を正確に回答できるようになり、受注が戻り始めました。

サプライチェーン・マネジメントで競争優位を生み出す5つの原則

SCMは、危機への対応力を高める効果もあります。

2020年は新型コロナウイルス感染症の拡大により、サプライチェーンが混乱しました。このような危機に直面したとき、企業はどう対処すればよいでしょうか。

誰も予測していなかった事態が起きたときには、「状況を適切に把握」して、「生産量を調整」したり、「調達先を変更」したりしながら、サプライチェーンを柔軟に再構築する決断力と実行力が必要です。まさに経営者の決断、実行による変化、変化、変化です。

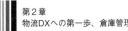

変化することを怠ったり、そのスピードやサイクルが鈍いと、あっという間にこの危機に飲み込まれてしまいます。

ただ、逆の見方をすれば、危機的状況はサプライチェーンを大きく変化させる機会でもあるのです。混乱のなかから日々生まれる新しい課題に目を向け、既存のサプライチェーンの発注や補充の方式に手を加え、手作業によるさまざまな調整をコントロールしつつ、新たな仕組みを構築していく必要があります。

これを専門家は、「サプライチェーンの柔軟性」と表現し、その重要性を新型コロナの問題が起きるだいぶ以前から指摘していました。日本企業でSCM専門の部門が設けられている割合は約3割です。

しかし、その3割の企業であっても、今回のコロナ禍の対応において、現場の判断が優先され、SCM部門が需給量の調整や調達先変更といった運用面で機能していませんでした。

これについては、日本企業の経営者がSCMを原則から見直す必要があると考えています。スタンフォード大学経営大学院グローバル・サプライチェーン・マネジメント・フォーラムのディレクターであるショシャナ・コーエン著『戦略的サプライチェーンマネジメント（英治出版）』の5つの原則を基に、今後経営者が注力すべきサプライチェーン・マネジメントの課題について考察したいと思います。

すべての製造業にとって、サプライチェーンはそのものが貴重な財産であり、競争上の強みであり、付加価値を生み出す源泉です。しかし、多くの経営者が自社のサプライチェーンに目を向けないのはなぜでしょうか。

革新的な製品、選ばれるサービス、強烈な顧客体験、圧倒的なコスト競争力など、ＳＣＭが「強み」を実現する領域を過小評価しているのかもしれません。超優良企業と呼ばれる企業は、自社のサプライチェーンを競争上の強みとして常に磨きをかけていますし、サプライチェーンで付加価値を生み出し、パフォーマンスをさらに拡大する新しい方法を探求し続けています。

経営者が戦略的にサプライチェーンをマネジメントするうえで、頭に入れておきたい５つの原則は以下のとおりです。

原則１　サプライチェーンと戦略の連携
原則２　一貫性のあるプロセスの設計
原則３　サプライチェーン組織の構築
原則４　コラボレーションモデルの構築
原則５　パフォーマンスの測定

グラフはコロナ禍で企業が今後注力すべきと考えているＳＣＭの課題をアンケート調査した結果です。最も回答が多かったのは、「業務プロセスの改革」でした。

▶コロナ禍のなか、今後注力すべきSCMの課題

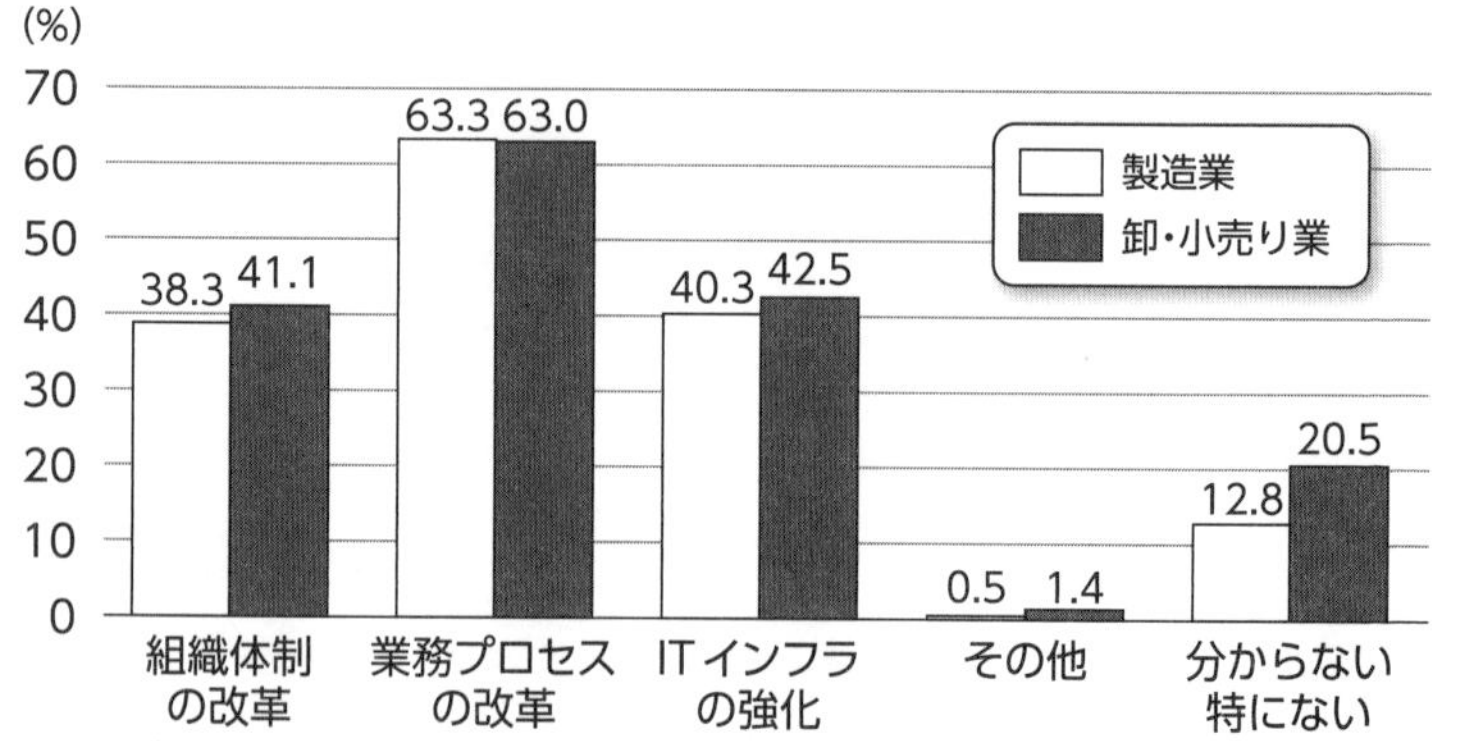

出典：「月刊ロジスティクス・ビジネス」2020年8月号より筆者作成

多くの企業が、この変化にすばやく対応していかなければならないことを実感しています。しかし、長期的判断と短期的判断のバランスを取ることは極めて難しいものです。このような場合に、5つの原則を検討しておくことで、いつ問題が浮上しても対処できる準備を整えつつ、将来的な差別化の武器になるサプライチェーンの構築も進めることができるようになるでしょう。

第1原則　サプライチェーンと戦略の連携

企業の経営者は、常に明確で実行力のあるビジネス戦略を周囲から求められます。サプライチェーン戦略もその一つであり、製造業であれば、他社との差別化を可能にするビジネス戦略とサプライチェーンが密接に連携していなければなりません。

マーケティング戦略で注目すべき要素として知られる4Pがあります。これはProduct（プロダクト：製品）、Price（プライス：価格）、Place（プレイス：流通）、Promotion（プロモーション：販売促進）の頭文字を取ったもので、企業が競争する4つの側面を表します。4つの要素で競合他社と差別化を図るうえで、サプライチェーンは大きな役割を果たします。

サプライチェーン戦略をビジネス戦略と連携させるためには、「顧客サービス」「販売チャネル」「バリューシステム」「オペレーションモデル」「資産配置」という観点で設計を行い、目標を定めます。

顧客サービスでは、デリバリーのスピード、正確さ、柔軟性に関する目標を設定します。販売チャネルでは、顧客が自社の製品やサービスをどのように発注し、どこでどのように受け取るのかを設計します。

バリューシステムではサプライチェーン全体のなかで自社が担当する役割、パートナー企業が担当する役割を明確に設定します。

オペレーションモデルでは、顧客サービスの提供と、運転資本やコスト面の目標達成を両立するための、計画、調達、生産、出荷方法などを設計します。

資産配置では、自社のリソース（お金、人）をサプライチェーン全体のなかで、どこにどれだけ割り当てるかを明確に定めます。

経営者はこれらの要素について決断し、設計、計画、目標をつくり上げていくことになります。このとき、これらの要素どれか1つだけに着目して、ほかの要素は検討しない場合があります。例えばコストは抑えることができたが、その結果、顧客サービスを満たせなくなった、などという事態が起こり得ます。

つまりサプライチェーンから効果性の高い戦略的メリットを引き出すためには、各要素を全体の一部として扱うことが重要なのです。

第2原則　一貫性のあるプロセスの設計

サプライチェーンの戦略を実行に移すためのプロセスの設計を行うのが第2原則です。優れたサプライチェーンを構築している企業では、サプライチェーン全体の活動を明確化したプロセスが設計されています。

計画、調達、生産、納入、返品などあらゆる活動を高いレベルで実行するための組織の強化や改善に取り組んでいるのです。ここで重要なのは、個々のプロセスが一貫性のあるワークフローの一部として統合され、整合しているかです。

効果的で戦略的なサプライチェーンには、理想（ビジョン）、運用、教育のそれぞれに一貫性が必要なのです。

一貫性が保たれた状態で発生する「効果性」は、「効率性」とは似て非なるものです。効率性は部分的なものであり、効果性は全体が最適化された状態による効果を意味します。

効果性を意識して準備された設計図はサプライチェーンを機能させるために必要な情報システムを選択したり、その情報システムを効果的に運用させる際にも役に立ちます。

第1原則で整えたサプライチェーン戦略はビジョンとなります。そのビジョンを実現するためには柔軟性と信頼性の高い運用が必要になります。その運用を支えるのが教育です。サプライチェーン全体の一貫性のあるオペレーションの方法を設計することが理想です。

例えば、高い品質を競争基盤とする自動車のレクサスは、生産プロセスに秀でたサプライチェーンを設計しています。一方、顧客第一主義を競争基盤とするアマゾンは、オーダー処理のプロセスに秀でたサプライチェーンを設計しています。

このように、サプライチェーンのプロセス設計は自社の競争基盤を支えるものであって初めて、効果性が最大化できます。これがいわゆる〝一貫性が保たれた状態〟、つまり〝効果性が高い〟状態です。

つまり、他社で成功しているプロセスをそのまま自社に適用しても、うまくいく可能性は低いのです。それは、自社の戦略と一貫性がないからです。肝心なのは、そのプロセス設計が自社の競争基盤を支えるかどうかという点です。

優れたプロセスの設計を行うには、自社のサプライチェーン活動のなかで、どのプロセスを設計に含めるかを決める必要があります。また分類されたプロセスのなかでどの活動をどのプロセスに含むのかといったことも整理が必要です。

サプライチェーン活動の分類方法はさまざまなので自社で決めることになりますが、ここでは参考までにSCMの標準参照モデルである「SCORモデル」で使われているものをご紹介します。

〈計画プロセス〉

需給のバランスを適切に保つために必要となる計画については、可能な限りプロセスを簡素化することが重要です。高度で複雑な計画ではなく、現実的で実行可能な計画を立てることに集中しなければなりません。しかし、これが最も難しいともいえます。さまざまなリソース（拠点、人員、パートナー）を考慮すると同時に、各地の顧客の需要というパラメーターに基づいて、最も利益率の高い優先順位でリソースを割り当てしなければなりません。

▶SCMのための主要プロセス

計画	需給バランスの調整
調達	需要に応えるために、材料や部品の調達
生産	需要に応えるための生産活動
納入	製品やサービスを顧客に届ける
返品	品質不良や修理のための返品

こうしたあらゆるパラメーターを考慮してサプライチェーン全体のリソースを最適化すべきでしょうか？　答えはＮＯです。このときに役立つプロセスの設計手法として、ＴＯＣ理論があります。詳しい説明は省略しますが、制約条件（ボトルネック）となる重要なリソースに注目してプロセスを簡素化し、供給不足時に優先する市場や顧客を決める基準を２つ以内に絞ることをおすすめします。

〈調達プロセス〉

二つ目の主要プロセスである調達プロセスでは、総所有コスト（ＴＣＯ）に着目します。原料や部品などを最低価格で購入しようとする企業は多いのですが、これは短絡的なアプローチであり、しばしば逆効果となります。

安いために不良が頻発する場合もあれば、安く買っているため不測の事態が発生したときには自社の供給を優先してもらえない場合もあります。多少高くても、質の高い部品を買ったり、安定供給が約束されたりすれば、最終的にTCOの削減につながることもあります。

続いて、適切なサプライヤーを選定し、適切な合意を形成します。お互いのデータの可視化とタイムリーなコミュニケーションを構築するための合意です。情報開示、責任範囲の明確化、サプライヤーの能力を最大化するための取り組みを設計します。

〈生産プロセス〉

三つ目の主要プロセスは生産プロセスです。卓越した生産プロセスとは、決められた予算のなかで高い品質を維持し、生産スケジュールが守れることです。それを実現するために生産プロセスに求められるのは柔軟性です。

顧客との条件を守りつつ、生産スケジュールを直前になって変更することも可能にしなければなりません。それには、サプライヤーと生産活動を同期させる必要があります。そのためにはサプライヤーが常に最新の情報を共有できるように生産スケジュール、原料や部品の使用状況、在庫水準を適時開示することが大切です。

また高い品質の維持は基本であり、万が一不良品が発生した際に速やかに原因を特定できるように、すべての製品をロットや部品レベルでトレースできるようにすることも必要です。

〈納入プロセス〉

卓越した納入プロセスは、期日に顧客の要求どおりの品質と価格で製品やサービスを届けることです。そのためには、すべての関係部門が受注情報を同じタイミングで入手できるようにしなければなりません。部門間におけるコミュニケーションのズレの大半は、タイミングのズレから生じているからです。これが納入活動をより円滑に迅速に進められるようにする第一条件となります。

続いて、注文に対する出荷状況を完全に可視化します。関係部門のみならず、顧客もそれを強く望んでいます。

〈返品プロセス〉

不良品や誤出荷など返品の理由によって、プロセスが変わります。重要なのは、返品時点での製品データの把握です。返品で現場を混乱させる要因は、少量であること、不規則、不定期であることです。

こうした製品を可能な限り効率的かつ経済的に収集、仕分け、分配する方法を検討しなければなりません。また製品に対する不満を原因とする返品については、返品条件をあらかじめ明確に決めておく必要があります。顧客は速やかな返品処理を望んでいるため、返品対応については、こうした条件を定めておくことで処理スピードが向上します。

優れた実績を上げるサプライチェーンの設計は以下の4つの条件を満たしています。

1　全体を網羅しておりカバーしている
2　個々のプロセスや手法に戦略と一貫性がある
3　主要プロセスが文書化、かつ情報システムに裏打ちされ信頼性が高い
4　戦略の変更に対して、適応性が高い

経営者はこの4つの条件を意識して、サプライチェーンプロセスの標準化と組織調和のためのルールづくりを行う必要があります。

第3原則　サプライチェーン組織の構築

企業が効果性の高いサプライチェーン組織を構築するには、優れた設計が必要であり、次に挙げる3つを行わなければなりません。

❶役割と責任を定義する

組織で仕事をする際に、すべての作業や仕事について役割と責任を定義することは不可能です。しかし、重要な役割についてはすべて明確に定義する必要があります。

スーパーマーケットチェーン大手の西友は2020年9月、「より良いものをより安く」を実現するため、独自の「統合型調達モデル」を導入する方針を表明しました。原料調達から製造・物流までサプライチェーン全体が統合された新たな調達スキームを構築し、PB（プライベートブランド）を強化するとともに、消費者の支持を獲得できる品質、安定供給、低コストの諸条件を兼ね備えた商品を開発するのが狙いです。

そして「統合型調達モデル」による初めての開発商品となる「ツナフレーク」を発売しました。

ツナフレークの生産に必要な原材料を調達する際、西友の品質規格を満たしていることを確認するプロセスを考えてみます。

受け入れ検査について質問すると、おそらく西友は次のように説明するでしょう。「まず、原材料を入荷エリアで受け取り、その原材料の品質を自社のサンプリングに基づいて検証します」。

極めて簡略化して書きましたが、多くの企業のプロセスやオペレーションの手順もおおよそこのように表現されていると思います。

しかし、これだけでは作業の実行に誰が責任をもつのかという重要な情報が抜け落ちています。サプライチェーン戦略を支えるための活動には必ず、責任を負う個人または部門や部署が明確にされていなければなりません。

経営者は、こうした主要プロセスの各ステップを誰が責任をもって実行をするのか細かく確認し、定義する必要があるのです。

例えば、ツナフレークに取り引き先の卸売り業者から大量の注文が入った際に、配送予定日が遅れてしまった場合、新しい配送日を顧客に連絡する作業に誰が責任を負うのか決まっていなかったらどうなるでしょうか。

どの活動にも、必ず説明責任を負うグループまたは個人が存在しなければならないのです。

❷ 適切な組織構造を選択する

組織は、目的達成のための機能をもった人材の集合体です。各主要プロセスを構成するすべてのプロセスや活動が目的達成のために行われなければなりません。しかし、サプライチェーン組織はこうあるべきだという唯一の正解があるわけではなさそうです。自社にとっての正解はどういった組織構造でしょうか。

この答えを得るには、サプライチェーン組織構造の3つの型を押さえておくとよいでしょう。

中央集権型は、コアプロセスを企業レベルで管理し、それを複数の部門や地域に展開します。企業が中央集権型を選ぶ理由には、スケールメリットが得られること、冗長性が排除できること、方針や手順を組織で共通化できることが挙げられます。

分散型は、部門、地域ごとに計画、調達、生産、納入などの各プロセスの責任を負います。契約交渉やサプライヤーの選定、在庫管理などは自由に行うことができます。サプライチェーン組織構造で分散型を選択する企業の特徴として、多種類の製品を販売する大規模な組織であることが挙げられます。

地域ごとの商習慣に対応できる点やサプライチェーンを製品や部門ごとに最適化できる点などがメリットです。

▶組織構造の3つの型

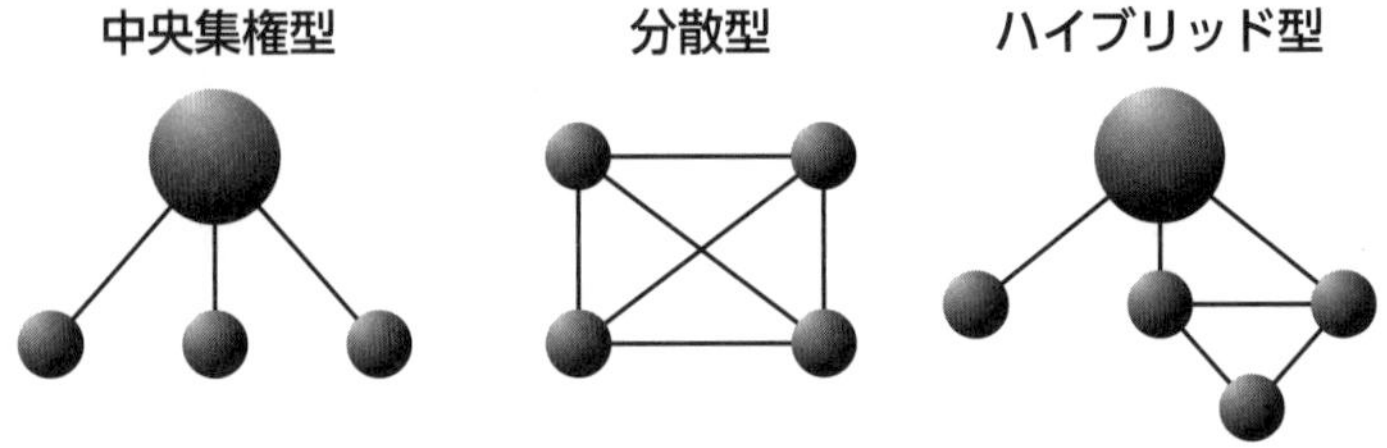

ハイブリッド型は、サプライチェーンプロセスの一部を中央集権化し、それ以外のプロセスを分散化します。ハイブリッド型の例として、調達プロセスの責任を中央集権化して、計画、製造、納入は各部門に任せるという方法があります。

そのほかの組み合わせも当然可能です。一部のビジネス要素については、全社的な標準を導入し、その標準を満たす方法は各ビジネス部門が柔軟に決定できる点がハイブリッド型の特徴です。

サプライチェーンの組織構造を選択するには、自社のビジネス戦略を適切にサポートできる型を選択すべきです。またその組織構造は企業文化を反映したものであるべきでしょう。チャレンジを推進し、起業家精神の育成を目指している企業が、中央集権型を選択するのは有効だとはいえません。ここでも一貫性のある選択が全社的なパフォーマンスに大きく影響するのです。

❸適切なスキルと才能をもつ人材を配置する

組織の主な役割と構造が定義されたら、それぞれの役割に適切なスキル、才能、意欲を備えた人材を配置します。サプライチェーンの責任者には、実に幅広い能力が求められます。生産管理、在庫管理、物流最適化など各分野におけるハンドリング、分析能力、そしてさらにはコミュニケーションおよびリレーション管理の高いスキルが必要になります。

経営者の約60％も、自社の成功にはサプライチェーン責任者の獲得と育成が不可欠だと答えています。経営者自らも学び、社内の育成プログラムを強化し、優秀なサプライチェーン責任者には多額の報酬を用意する必要があるでしょう。

私は外部の人材を採用するより、自社の人材のサプライチェーンスキルを伸ばすほうがいいと考えます。なぜなら、最初はうまくいかなくても、自社独自の育成コースを設けたり、経営者自身が一緒に学び成長することで、中長期的な視点で自社のコアスキルとして保有することを目指せるからです。

第4原則　コラボレーションモデルの構築

自社のサプライチェーンを取り巻くサプライヤーと質の高いコラボレーションが実現さ

れれば、戦略面および財務面で多くのメリットを生み出すことが期待できます。質の高いコラボレーションを構築するためには、何が必要になるのでしょうか。

それは、自社とサプライヤーの関係をあらゆる面から理解して、自社のニーズとパートナーのニーズが最も適合する点を見つけ出すことでしょう。自然災害が増え、政情不安が頻発する昨今の情勢では、以前にも増してパートナーシップが成功に不可欠な要素となっています。

コラボレーションとは、自社とサプライヤーの間でアイデア、資産、情報、リスク、報酬を共有し、共通の目標に向かって協力するための手法のことです。コラボレーションによって、関係者全員に次ページの図のようなメリットをもたらすことができます。

コラボレーションを構築するパートナーには、顧客、原材料や部品のサプライヤー、製造面や物流面でのオペレーションを支えるパートナーなどが含まれます。こうした多くのパートナーと構築するコラボレーションは、企業の種類や重要性によって、異なる4つのレベルに整理されます。

▶コラボレーションにより得られるメリット

顧客のメリット	・顧客サービスの向上 ・管理コスト削減による低価格の実現 ・適切なプロモーション予算の確保
サプライヤーのメリット	・過剰在庫の抑制 ・原材料供給力の向上 ・物流コスト、情報管理コストの削減
自社のメリット	・市場投入までの時間の短縮 ・納入遵守率の向上 ・柔軟なキャパシティの獲得

レベル1　取り引き上コラボレーション

取り引き上コラボレーションは、最も基本的で多く利用されるレベルです。特定の製品、サービスを特定の期間、あるいは特定の購入量、購入額を条件に合意し、日々の取り引きは最小化して行われます。このレベルで求められることは、パートナーとの取り引きを効率的かつ効果的に進めることです。このレベルでの取り引きにおいては、戦略的価値を生み出すことはありません。また取り引きの大部分が手動で行われる点も特徴の一つです。

レベル2　協力的コラボレーション

協力的コラボレーションは、取り引き上コラボレーションよりも高度な情報共有が行われます。需要予測、在庫量、発注、注文、納入状況など多くの情報をパートナー企業と共有します。標準化されたデータを用いることで、サプライヤーは計画プロセスでこのデータを活用し、顧客の直近の購入行動や売上パターンなどを的確に把握することができます。

レベル3　協調的コラボレーション

協調的コラボレーションでは、自社とパートナーがより一層緊密に協力し、互いの能力の依存度が高くなります。このレベルのコラボレーションでは、情報が双方向に流れ、計画、実行プロセスが同期されていなければなりません。

多くの企業では、戦略的に重要なサプライチェーンパートナーに限定して、協調的コラボレーションを構築しています。ベンダーマネージドインベントリー（ＶＭＩ）は協調的コラボレーションの代表的な例といえるでしょう。

このレベルで期待されるのは、コラボレーションによって生み出されるメリットを当事者同士が享受することです。

レベル4　同期コラボレーション

同期コラボレーションは、もっとも深いレベルのコラボレーションです。共同のＲ＆

▶同期コラボレーション

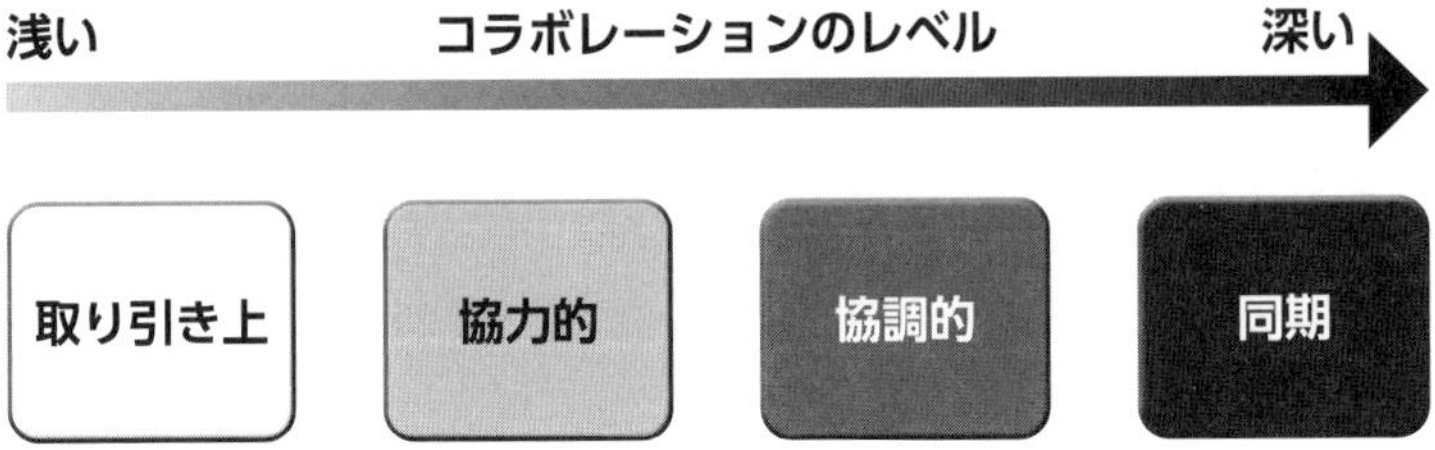

Dプロジェクト、サプライヤー開発、知的財産開発に一緒に取り組みます。分かりやすい例がパソコンです。ハードウェア、ＯＳ、アプリケーションは互いにサービスの共同開発、情報共有、共同作業が行われています。

以上、４つのコラボレーションのレベルについてご紹介しました。パートナーとのコラボレーション戦略を立てるときは、各パートナー企業に最もふさわしいコラボレーションのレベルを明確に決める必要があります。

企業がコラボレーション構築に成功するかどうかは、企業とパートナー企業が相互の合意事項を実現できるかどうかにかかっています。そのためには、お互いにどのレベルで関係を構築するのか、認識を合わせたうえで合意事項を決めていく必要があるのです。

第5原則　パフォーマンスの測定

ピーター・ドラッカーはかつてこう言いました。「測定できないものに責任を負うべきではない」。測定できないものは管理不能です。しかし、多くの企業ではサプライチェーンのパフォーマンスを正しく測定する手順を知りません。

ＫＰＩ（重要業績評価指標）を設定している企業がそもそも少ないのですが、ＫＰＩを設定してもそこに明確な意図がなかったり、無作為に設定された多くのＫＰＩを記録することで満足していたりします。

ＫＰＩで示されるパフォーマンスの問題の根本的な原因を突き止め、改善機会の発見を促す仕組みをもっている企業は本当に少ないのです。なぜでしょうか。答えは単純明快です。そのような測定手順をつくり上げること自体が極めて困難だからです。

しかし、経営者としてサプライチェーンを的確にマネジメントしたいのであれば、測定できるようにするしかないのです。

正しく測定できる手順が出来上がれば、サプライチェーンのパフォーマンスが改善しているか、悪化しているか、あるいは将来悪化する可能性があるかを理解することができるのです。それによってマネジメントが可能になります。目標を設定したり持続的な改善を促したりすることが容易になります。

パフォーマンスの測定手順を確立するときによく迷うのは「最適なKPIの選択」と「適切な目標値の設定」です。この2つの難題の解を知らないために、多くの企業では的確な測定が行われないまま、誤ったマネジメントが実行されているのです。

では、どのようにして自社に最適なKPIを選択すればよいのでしょうか。その視点として次の5つが有効です。

❶業界の標準のKPIについて理解する

業界や自社に特有のKPIを定義することを推奨するコンサルタントもいますが、まずは業界や企業を問わずに適用できる標準的なKPIを使用することに大きな意味があります。例えばサプライチェーン総コスト、運転資本利益率、キャッシュサイクルタイムなどです。SCORモデルはパフォーマンス評価に使用できる標準的な指標を用意してくれているので参考になります。

❷KPIをビジネス戦略と連携させる

サプライチェーンのKPIは自社のビジネス戦略と一貫性がなければなりません。サプ

▶SCORモデルが提供する標準的なKPI

	パフォーマンス属性				
	顧客視点			社内視点	
	信頼性	応答性	敏捷性	コスト	資産
完全オーダー遂行率	●				
オーダー遂行サイクルタイム		●			
サプライチェーン増量柔軟性			●		
サプライチェーン増量適応性			●		
サプライチェーン減量適応性			●		
サプライチェーン総コスト				●	
リスク金額			●		
キャッシュサイクルタイム					●
サプライチェーン固定資産利益率					●
運転資本利益率					●

出典：Supply Chain Operation Reference Model,Revision 11.0,Supply Chain Council

ライチェーンそのものが目的ではなく、自社のビジネス戦略を支えるものとしてサプライチェーンが存在することを考えれば、その必要性が理解できるでしょう。

まず自社の戦略目標を起点とし、そこから逆算して戦略を支えるＫＰＩを決めていくアプローチが理想です。

オーダー遂行のスピードで勝負している企業が物流コストを重要なＫＰＩに設定して、その物流コストを目標値にするために、船便で輸送するようにしたらどうなるでしょうか。少し極端な例ですが実際にこれに似たような運用が行われているのです。

❸バランスの取れた包括的なKPIを設定する

ＫＰＩを選択するうえで、バランスを考慮することは重要です。すべての領域で優れた数値を上げるということではなく、バランスの取れたＫＰＩをそろえることが重要なのです。ＫＰＩには顧客基準、社内基準、財務基準、財務以外などさまざまな基準があるので、その点を考慮します。

またＫＰＩをバランスよく選択するための条件として、因果関係を理解しなければなりません。例えば、部品の在庫日数が目標値をはるかに上回っている場合は、社内、サプライヤー、顧客のどこに「部品在庫が過剰になる要因」があるのかを把握できれば、その背後にあるプロセスを調べ改善することが容易になります。

その結果に基づいて必要なＫＰＩを選択することが可能になります。

❹適切な目標値の設定方法

自社に最適なＫＰＩを選択したら、次は各ＫＰＩの目標値を設定します。ここでは何を目指して目標値を設定すればよいのでしょうか。この部分はある程度経験と勘に頼る必要があると考えます。しかし、それだけでは心もとないので、少しだけヒントを紹介します。

ポイントは①社内のベンチマークを実施する、②社外のベンチマークを実施する、③達成可能な目標値を設定する、の3つです。社内のベンチマークは社外よりも実施しやすいでしょう。自社と他社のパフォーマンスを比較することはとても有効です。同じ業界でもいいですし、異なる業界でも構いません。

また高い目標を掲げ果敢にチャレンジすることを社内文化としている企業では、現場からすると到底達成不可能な目標が設定される場合があります。しかし、すべてのＫＰＩに対して高い目標を設定するのは禁物です。どうしても高い目標を設定したいのであれば、特定のＫＰＩに絞るほうが効果的です。

❺パフォーマンスの測定は自社だけのためではない

サプライチェーンのパフォーマンス測定は、自社のためだけにつくるものではなく、すべての人のために価値を生み出す道具であるべきだと私は考えます。適切な方法で正確な測定が行えるようになれば、関わる人すべてが利益を得られるようになると確信しています。関わる人すべてに向けてＫＰＩを可視化し、定期的に監視することを実践したいものです。

第3章

自社でのカスタマイズが、スピーディーに生産性を高めるセミスクラッチ型ＷＭＳで実現する「物流ＤＸ」

そもそもWMSとは何か

ＷＭＳとはWarehouse Management Systemの頭文字を取ったもので、日本語では「倉庫管理システム」と呼ばれています。

受注から出荷、棚卸しまで、倉庫で動くすべての在庫をシステムで管理します。また、管理だけではなく、倉庫内で行う作業のミス防止や生産性向上の支援も行います。

物流センターの現場を支援する物流情報システムは、ＷＭＳとＴＭＳ（輸配送管理システム）を軸に構成されます。ＷＭＳとＴＭＳは企業の基幹システム（販売管理、生産管理）と連携するサブシステムとしてその効果を発揮します。

ＷＭＳは主に物流センターでの在庫管理、入出荷作業指示、入出荷実績管理を行います。企業がＷＭＳを導入する目的は、倉庫内作業（入出荷、在庫管理、棚卸し、物流データ管理）の効率化と品質向上にあります。物流作業は常に状態が変化しますので、ＷＭＳには基幹システムにはないリアルタイム性が要求されます。

入荷した商品をすぐに在庫計上し、最新の受注データと引き当てるなど、受注から出荷までのリードタイムの短縮が企業に求められています。ですから、基幹システムだけでは対応ができなくなっているのです。

ＷＭＳのもう一つの特徴として、ハンディターミナルなど現場で利用する入力端末やマテハン機器（自動倉庫、コンベヤ、デジタルピッキング）との連動があります。このようなハードウェアと連動することで、指示と作業を自動化し、倉庫内作業の効率化が可能になります。

ＷＭＳは現代の物流において必要不可欠な存在なのです。

ＷＭＳはどう発展してきたか

ＷＭＳは１９７０年代前半に搬送機械や自動倉庫などのマテハン機器をコンピュータで制御する仕組みとして導入されました。それが日本におけるＷＭＳの起源と考えられています。当時は高度成長期で、製造業には製造、販売、物流を統合したシステム（ＣＩＭ）が広く普及していましたが、その一翼を担う形でＷＭＳは生産管理や工程管理と連携し、材料・仕掛け・製品の在庫を情報管理しました。

２０００年代に入ると、海外企業が相次いで本格的なＷＭＳを日本に持ち込み、導入を進めていきました。国内ではダイフク、日立物流、ＩＨＩなど物流関連大手企業がＷＭＳの販売を行うようになり、市場は活発化していきました。

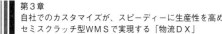

２００８年にはリーマンショックの影響によって一度は落ち込みましたが、その後はＷＭＳを開発するベンチャー企業が増え続け、その市場は毎年20％のペースで拡大しています。これは今後も続いていくでしょう。

また新型コロナウイルスの感染拡大で、ＥＣ市場の拡大が加速しています。この傾向は止まることはないでしょう。ＷＭＳはモノづくり日本の製造業のサプライチェーンを支える重要な役割を担っているのです。

ＷＭＳにはどんな機能があるか

ＷＭＳの機能は大きく①計画系、②実行系、③分析系の３つに分けられます。

計画系には作業員の配置計画や入出荷の物量を事前に予測する機能、倉庫内の作業をシミュレーションする機能などがあります。計画系はコストが高くなることから、導入している企業は少ないのが実情です。

実行系には入出荷管理、在庫管理、ロット管理、作業進捗管理などの機能があります。多くの企業が導入しており、ＷＭＳの機能というと主にこの実行系の機能を指す場合が多くなっています。

分析系には作業生産性分析、コスト分析、作業品質分析、在庫分析などの機能がありま す。分析系も先進企業では積極的に導入が進んでいますが、そのほかの企業への導入はまだこれからといった状況です。

WMSは今後ますます企業になくてはならない戦略的なシステムとして位置付けられることは間違いありません。オムニチャネル（ネットと実店舗の連携）への対応やウェアラブル入力端末などを活用した次世代型のシステムも研究開発が進んでいます。

WMSにはどんな種類があるか

WMSには、主にフルスクラッチ（フルオーダー）型とパッケージ型があります。フルスクラッチ型は、オーダーメイドでゼロから自社に合わせてシステムを構築できるので、オリジナルのシステムをつくることができます。

同じ業界であっても企業によって、現場は異なります。フルスクラッチ型は自社の現場にぴったり合ったシステムが可能です。オーダーメイドでスーツを仕立てるのと同じで細部までぴったりフィットします。

ただし、フルスクラッチ型は費用が高額になります。規模によりますが数千万円かかることも少なくありません。加えて時間がかかります。稼働させるまで相応の時間がかかることを覚悟しなければなりません。

パッケージ型はすでに出来上がったものを導入するので、すぐに稼働させることができます。また、フルスクラッチ型と比較して安価で導入できますから、予算が限られる場合でも対応可能です。

また、パッケージ型のなかにはオンプレミス型とクラウド型があります。オンプレミス型は自社にサーバを置いて自社のなかでシステムを動かすタイプです。クラウド型はデータベースもシステムもインターネット上にあってインターネット回線を利用して動かします。

パッケージ型のメリットは前述のように短期間で導入できて低コストなものが多いことですが、クラウド型には最近、月額利用ができるサブスクリプション型が登場していますので、さらにコストを抑えて導入することが可能です。

つまりＷＭＳをクラウド上で、月単位で費用を支払って利用したい期間だけ利用することができます。イニシャルコスト（初期費用）もほとんどかかりません。設定費用として20万～30万円はかかりますが、そのあとは月額10万円程度で利用できます。

もし、自社には合わないと判断したら、その時点で契約を解除できます。導入する企業にとって、非常にリスクが少ないシステムといえます。

オンプレミスは自社にサーバを置いて、パッケージを最初に買い切りますから当初に５００万円程度のイニシャルコストがかかります。ただ、パッケージを買い取ってしまいますから、そのあとのランニングコスト（維持管理費用）を抑えることができます。

クラウド型とオンプレミス型のどちらが有利かは、利用期間によって変わります。クラウド型で月額費用を支払っていくと、５～６年程度でトータルのコストがオンプレミス型と肩を並べることになります。ですから、企業によってどちらが有利かは異なります。

数多くの導入支援をしてきた私どもの見立てとしては、新たな事業がスタート間近である、あるいはＥＣビジネスを最近立ち上げて創業３～５年しか経過していない、といった場合にはクラウド型のパッケージを利用するのがリスクを抑えられる点で有効だと思います。事業がどの程度、成長するかも未知数の面が多いので、高額なコストをかけるのはリスクが高いのです。

その後、事業が順調に成長して、パッケージで対応できなくなれば、月額利用をやめてフルスクラッチ型でシステムを構築してもいいでしょう。あるいは、別のクラウド型パッケージに乗り換える選択肢もあります。

クラウド型の一番の欠点は、一つのサーバをさまざまなユーザーが使うことです。そのため、個別企業のカスタマイズは基本的にできません。それでも物流の規模が小さければ、パッケージのなかのシステムに合わせることも可能ですが、物流の規模が大きくなってくると、合わせるのが難しくなっていきます。

パッケージ型でオンプレミスかクラウドかを選ぶ際に、セキュリティを心配する経営者もいます。クラウドはネットワーク上に自社のデータを保存するので、社内のコンプライアンス上難しい、個人情報の保護が心配と考えるのです。つまり、自社にサーバを置いたほうが安心だというわけですが、その認識は正しくありません。

セキュリティ面から考えるのであれば、自社にサーバを置くほうがよほどリスクは高くなります。今やトヨタ自動車やパナソニックなど日本を代表するグローバル企業はクラウドで管理しています。クラウドを管理するグーグルなどは何千億円という莫大な予算をかけてセキュリティ対策をして、世界最高水準のレベルで守っています。一方で自社に置く物理的なサーバは、セキュリティ対策をするにしてもウイルスソフトを導入する程度です。それで安心とはいえません。

ですから、オンプレミスかクラウドかの選択であれば、絶対的にクラウドをおすすめしています。また、スケーラビリティといいますが、クラウドならサーバを簡単に縮小したり拡張したりできます。

物流量がどんどん増えてくれば、パソコンの画面上でサーバのスペックを簡単に上げることができますし、物流量が少なくなってくれば、サーバのスペックを落とすことも簡単です。オンプレミスであれば、サーバを開けてメモリを増設するなどをしなければなりません。増設しようと思っても、すでにいっぱいで増設できないこともあります。また、データのバックアップに関してもクラウドは一定のコストを支払えば、自動でバックアップしてくれます。

セミスクラッチ型のWMSとは

WMSが必要不可欠なシステムになるなかで、導入する企業はフルスクラッチ型にするかパッケージ型にするか迷うケースが多くなりました。これまでWMSの導入を支援してきた私の会社から見ても、いずれのシステムにもメリットとデメリットがありますから、選択は難しい問題です。

私の会社はユーザー企業に寄り添う支援を実践していますので、システム側の都合を押しつけたくはありません。例えばパッケージ型の場合、パッケージの機能に合わせてもらわなければならない場面が出てきます。もちろん、パッケージ型はさまざまな企業の事例を研究してつくられていますから、自社の業務フローをパッケージ型に合わせることで業務の標準化が図れるメリットはあります。しかし、使いにくい部分なども出てしまいます。

フルスクラッチ型であればユーザーの要望に１００％応えることができます。しかし、システムを開発する立場からしますと、多くの企業で共通化できる部分もあります。例えば、業務用のハンディターミナルの基本的な入力機能や通信してデータを送る部分などは、どこの企業の現場でも変わりません。ユーザーにしても、こだわる必要がない部分です。

あるいは操作画面にも共通化できる部分はあります。例えば、ログイン画面では、ユーザー名とパスワードを入力するようになっています。これは企業によって変わることはありません。

フルスクラッチ型の場合、そうした部分もすべてゼロからつくっていきますので、コストがかさみます。それは非常にもったいないと以前から考えていました。

私の会社も以前はフルスクラッチ型を提供していましたが、ユーザーに不要なコストを負担してもらうのはもったいないと思っていましたし、開発する私の会社にしても同じ機能を何回もゼロから設計していくのは、ムダだと感じていました。プログラムをムダに量産しているような気分だったのです。

自分たちが手塩にかけてつくったものを〝たった一社〟に使ってもらうのは、もったいないとの考えもありました。せっかくつくったのだから、１０００社、１万社に使ってほしい。ただ、パッケージ型にしてしまうと押しつけになってしまいます。

以前はパッケージ型をつくり、販売していた時期もあります。個別企業のカスタマイズは基本的に受けない方針でしたから、現場からさまざまな意見が出てきても対応できません。同業他社は「できません」と答えるケースが多いのですが、ユーザーに寄り添って考えると、なんとかしたいとの気持ちが生まれます。

そこで、共通化できる部分はできるだけ統一し、ユーザーがこだわりたい部分だけオーダーでシステムを構築する、フルスクラッチ型とパッケージ型のいいとこ取りをしたセミスクラッチ型を開発することになりました。

セミスクラッチ型であればコストを抑えながら、ある程度自社のビジネスにフィットしたＷＭＳが構築できます。そもそもシステムには値段があってないようなものですから、同じようなシステムを１０００万円でつくるところもあれば、大手の場合は何億円になってしまう場合もあります。

ＷＭＳの場合も同じですが、フルスクラッチ型の場合、最低でも３０００万～５０００万円の費用がかかります。開発期間も1～2年、複雑なものであれば3年かかることもあります。新しいビジネスをスタートさせようと考えても実際に市場に投入できるのが3年後になってしまえば、ビジネス環境も変わってしまいます。最新のサーバをベースに設計しても、3年後にはさらに進化したサーバが出ているでしょう。

セミスクラッチ型はコストと開発期間を減らすことができますから、チャンスを逃すことがありません。大企業でも数多く活用されていますが、資金力が限られる中小・中堅企業でも効率的に導入できます。中堅企業には、独自のビジネスモデルで高い成長率を実現している企業が多くあります。それだけに物流の現場も速いスピードで変化していきます。社内の変化も速くなります。例えば、M&Aでビジネスを統合したり、今まで外部委託していた物流を自社物流に切り替えたこともあります。

物流量も大きく変化していきます。毎年、倍々ゲームで増えていくことも珍しくありません。では、そのときに毎年のようにシステムを入れ替えるのか？　それは現実的ではありません。セミスクラッチ型であれば、スピードの速い変化を想定してWMSを構築することが可能です。成長に合わせて高いスケーラビリティが提供できます。

一方でコストも抑えることが可能です。中堅企業になると、ある程度の資本力がありますが、何億円単位のWMSを導入するほどの規模ではありません。セミスクラッチ型なら、フルスクラッチ型とパッケージ型の中間、ミドルレンジの価格帯で提供できます。

ユーザーが主導権を握るWMS

そして、もう一つ重要なことがあります。独自のビジネスモデルを展開している場合は、ビジネスの変化に合わせて、システムもどんどん変えていく必要があります。その際に、私の会社のようなベンダーがシステムを変更するのは時間がかかります。

それならばユーザーが主導権を握ってシステムを変更したほうが効率的です。そこで私の会社ではプログラムのソースを公開しています。それを活用してユーザー企業が開発できるように内製化の支援もしています。

ですからセミスクラッチ型は単にフルスクラッチ型とパッケージ型の中間的なものではなく、ユーザー企業自身でカスタマイズが可能である点に大きな特徴があります。

一般的にパッケージ型のWMSを提供している企業はソースを公開していません。しかし、それではユーザーに機能を押しつけることになってしまいます。変化の速い企業では、WMSがスタートしてから目まぐるしく変化していくなかで、あの機能が欲しい、この機能が欲しいとなります。

そのときに、ベンダーに依頼しなければならないとすれば、時間もコストもかかります。ユーザーが「来月までに欲しい」と言っても「うちのエンジニアが来月仕事がいっぱいなので3カ月後になります」となってしまいます。

では、ユーザー企業が別のベンダーに依頼できるかといえば、それは不可能です。この業界のおかしなところですが、一度システムを入れてしまうと、ユーザー企業に選択肢はなくなってしまうのです。ベンダーも悪徳業者というわけではありませんが、ユーザー企業にとっては不自由な形になっているのです。

そのため私の会社では追加の機能が必要になったときには、私の会社でカスタマイズを受けることもできますし、ソースを提供してユーザー企業が独自にできるようにもしています。

実は政府が公表している「DXレポート」の重要事項の一つに、「ユーザー企業のなかできちんとシステムを内製化できる体制をつくる」との項目があります。ユーザー企業がベンダーに丸投げでは、DXが進まないのです。ベンダーにアウトソースするのはいいけれど、自社でもしっかりエンジニアを育てて、自社でしっかりシステムの面倒を見られる体制を構築しないと欧米に後れを取ってしまいます。

これはレガシーシステムのブラックボックス化にもつながっています。日本ではユーザー企業よりもSIer（システムインテグレーションを行う業者）やベンダー企業にITエンジニアが多く所属しています。現状ではユーザー企業がベンダー企業に受託開発を依頼する構造となっているため、ユーザー企業側はＩＴシステムに関するノウハウを蓄積しにくいのです。

ですから、私の会社でもユーザー企業がしっかり物流システムを内製化できるための支援をしています。それにはセミスクラッチ型が効果的なのです。大きな特徴はパッケージでありながらカスタマイズできる点ですが、もう少し細かく掘り下げると、ソースをすべて渡して、内製化支援をしてユーザー企業にシステムの主導権を握ってもらう。予算が確定してプロジェクトがキックオフしたあとのカスタマイズはユーザー企業主導で進めてもらうことで、私の会社は追加費用を請求しません。

通常、物流システムでは、会計システムのように事前に予算を確定するのは困難です。使ってみないと分からない点も多くあります。「設計どおりにシステムを構築して導入して終わり」ということは１００％ありません。どれだけ時間をかけて設計しても、使ってみて初めて分かること、出てくるものが山ほどあります。

しかし、フルスクラッチの場合は、ほとんどが仕様変更になって、追加の費用が必要になります。その結果、上司の承認が下りずに現場が我慢してそのまま使うことになるケースも少なくありません。仮に承認が下りても簡単な仕様変更でも２００万、３００万円単位の追加費用が必要です。それを何度も繰り返すと、莫大なコストがかかってしまいます。その時点では他社に依頼することはできなくなっています。

私の会社は物流について詳しく理解していますから、ユーザー企業の業種と規模、物流量が分かれば、ＷＭＳを構築するための費用がおおよそ判断できます。その時点の見積もりから１０００万、２０００万円オーバーしましたということはありません。

そのため、ユーザー企業がシステムを導入する目的がはっきりしたら、プロジェクト予算を確保してもらい、その予算の範囲内でできる限り変更しながら、システムを構築していきます。これはアジャイルと呼ばれる手法で、仕様の変更などにすばやく柔軟に対応して開発していくのです。

ＷＭＳで何ができるのか

ＷＭＳを導入する際には、既存システムとの連携も必要になります。企業には基幹システムが導入されています。基幹システムとは会計、財務、販売管理などのためのシステムです。ＷＭＳは基幹システムのサブシステムとして機能します。ですから基幹システムとの連携は非常に重要な要素となりますが、パッケージ型よりもセミスクラッチ型のほうが圧倒的に対応はしやすいといえます。

では、セミスクラッチ型のＷＭＳを導入すると、具体的にどんなメリットがあるか、作業工程を追いながら説明します。

〈受注・出荷指示〉

倉庫では、得意先からの受注（発注）または、上位システムからの出荷指示がスタートとなります。ＦＡＸやメール、ＥＤＩ（電子データ交換）やＥＯＳで得意先から注文が入り、そのデータをＷＭＳに入力、もしくは取り込みます。また、多くの企業では、ＷＭＳの上位に基幹システムがあり、そこで入力された受注データが出荷指示データとしてＷＭＳに連携されます。

工場などでは、製品の受注（出荷指示）データをＷＭＳで部品に分解します。例えば、製品Ａを製造するにはａ・ｂ・ｃ・ｄの部品が必要なのであれば、「受注：製品Ａ」を「部品ａ」「部品ｂ」「部品ｃ」「部品ｄ」に分解します。

〈在庫引き当て〉

次に注文に対して出荷可能な在庫があるか理論在庫データの引き当てを行います。在庫引き当ても、単に注文に対して在庫を引き当てるだけではなく、商品ごとに引き当てる得意先の優先順位を複数組み、その順番で在庫を引き当てるという処理も行われることがあります。

〈在庫集荷（ピッキング）〉

必要があればＷＭＳからバーコードの付いたリストを印刷し、引き当てされた在庫を取りに行く作業を行います。在庫は保管場所（棚）で管理されているため、最も効率の良いルートで在庫を集めることができます。

棚から在庫を取る際、バーコードを読み、数量を入力することでピッキング数量のミスを防止します。また、自動倉庫などの下位システムに出荷指示データを連携し、在庫を自動で集めることもあります。

〈製造加工〉

次は製造加工工程に移ります。集めた在庫がそのまま出荷可能であれば検品工程に進みますが、製造や調理、調合が必要な場合は製造に移ります。在庫についても、○個セットやサンプル付きなど、通常品に加工が必要な場合はここで作業を行います。

ＷＭＳからは、製造・加工品がいくつ必要か、製造加工時の注意事項などをリストで印刷することもできます。

〈入荷（入庫）〉

また、出荷までの一連の流れとは異なりますが、在庫補充も重要な作業です。まず、当日入荷予定のバーコード付き在庫リストを印刷し、実際に入荷する在庫数量と照合して、ここでも誤入荷を防止します。照合が済んだら倉庫内に割り当てられた保管場所（ロケーション）に在庫を紐付けていきます。

当日出荷など、棚に紐付けする必要のない在庫は、一時保管場所に紐付けを行い、どこに何がいくつあるかをシステムで把握できるようにします。

次の段階では、ピッキングしてきた在庫、または、製造された製品を箱詰めしていきます。ここでも必要であればＷＭＳからリストを印刷し、出荷予定数と箱に入れる在庫を照合します。

〈出荷〉

箱詰めした在庫を、トラックなどに積み込み、ＷＭＳで出荷処理を行います。多くの企業で出荷した段階でシステム上の在庫を落とし、実在庫との整合性を取っています。

〈実績データ送信〉

出荷実績データは上位システムに連携され、出荷は売り掛けデータに、入荷は買い掛けデータに変換され上位システムでの重複登録は発生しません。また、必要であれば、得意先にも連携が行われ、得意先の入荷予定データとなります。さらに、宅配業者にも連携することで、荷物がデータ入力のために滞ることなく配達先へ運ばれます。

〈棚卸し〉

棚卸しは、最低でも年1回は行わなければなりません。しかし、棚卸しは企業によって方法がさまざまです。一例ではありますが、私の会社のWMSでは在庫のバーコードをハンディターミナルで読み取り、数量を入力、理論在庫と突合し過不足を出します。過不足の消し込みを行い、理論在庫＝実在庫として確定を行います。

おおまかではありますが、これがWMSでできることです。ヒューマンエラーをなくし、導入後、生産向上を体感できるのがWMSです。

加工組立型、機械部品製造業のＷＭＳ導入ポイント

実際にＷＭＳを導入して効率よく活用するためには、業界によってポイントが異なります。ここからは、業界別にＷＭＳの導入ポイントを紹介しましょう。最初は加工組立型、機械部品製造業のケースです。

日本経済は製造業で成り立っているといっても過言ではありませんが、一口に製造業といっても、多くの種類に分類されます。一般的には「基礎素材型産業」「加工組立型産業」「生活関連型産業」の3つに分類されます。ちなみに日商簿記検定で出題される問題では、基礎素材型産業と加工組立型産業の2つに分類されています。

材料そのものの形を変えるのが「基礎素材型産業」だとすると、「加工組立型産業」はパーツを組み立てて製品をつくる産業です。パソコンやスマートフォン、自動車を製造するのは加工組立型産業です。

加工組立型産業は、世界の産業構造が大きく変わってしまった今、苦境に立たされています。「ものづくり大国ニッポン」として日本が世界から賞賛されていたのは、遠い昔の話になりつつあります。かつて世界市場で高い評価を得ていた日本製品は、製造コストが

安い新興国の商品に市場を奪われています。

日本製品の製造コストが海外と比較して競争力が弱いのはなぜでしょうか。要因は大きく2つあると考えます。1つ目は、少子高齢化による労働人口の減少です。人手不足によって、製造業に必要な人材を確保できず、生産性が下がっています。

2つ目は日本のIT活用の遅れです。海外の製造業では企業の大小を問わずAIやIoTなど最新のデジタル技術を積極的に取り入れています。それにより製造コストを抑え低価格かつ高品質な製品で市場を拡大しています。

また「モノを売って稼ぐ」時代は終わり、サービス事業で収益を上げるビジネスモデルへの転換が求められています。この点でも日本企業は海外企業に後れを取っています。「サービタイゼーション」という言葉があります。モノ自体ではなくモノが生み出す「コト」に価値を見いだす新しいビジネスモデルのことです。

今後はIT化を進めることで人材不足を補い、サービタイゼーションへとシフトする市場の変革に追従できるかどうかが加工組立型製造業の課題といえます。

加工組立型製造業の物流サービスを考えるうえで、顧客の観点から重要な指標がありま す。それは、オーダーからデリバリーまでの時間、オーダーサイクルタイム(OCT)です。部品を調達し、加工、組み立てて納品を行うこの業界では、ジャスト・イン・タイムが理

▶加工組立製造業のオーダーサイクル

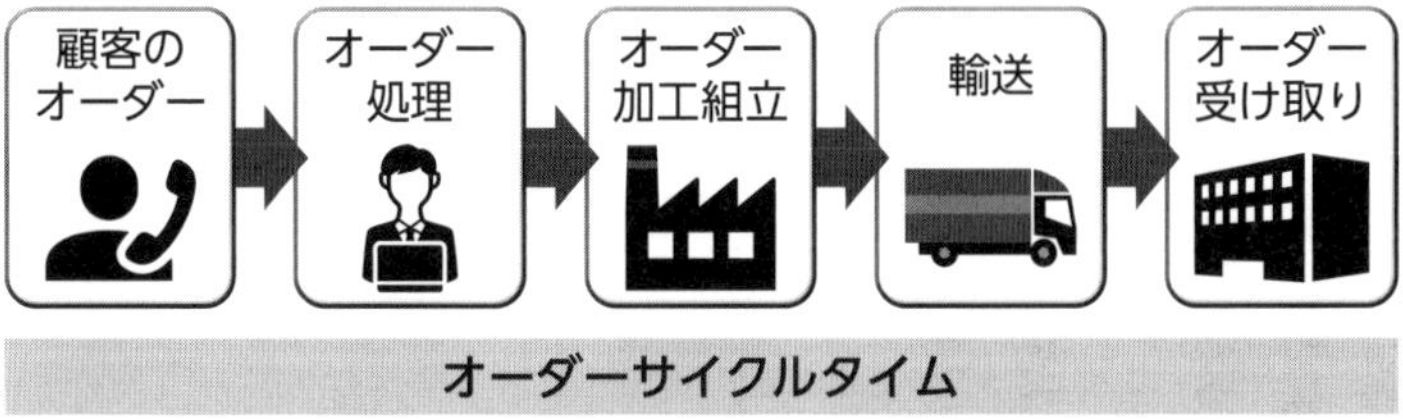

想とされ、マーケットにおいてこの時間が重要な競争変数となっているのです。

加工組立型製造業でＷＭＳを導入する際は、このＯＣＴを短縮することが大きな目的の一つになります。

例えば、「ザラ（ＺＡＲＡ）」は、スペインで最も成功したアパレル・メーカーの一つです。ザラの急激な成長を支えたのは、①在庫をもたない、②マーケットの需要にすばやくレスポンスする、を目標とした独自の事業戦略でした。

ザラの生産システムは北イタリアのベネトンが開発したシステムをベースに、トヨタ自動車の生産管理のアイデアをプラスすることで洗練され、この業界において最も効率のよいクイック・レスポンス・システムとなりました。

各サプライヤーとのＥＤＩ網の構築、オーダーから出荷指示までのスループットの向上、バーコードやＲＦＩＤ（電子タグ）などの自動認識技術を活用したリアルタイム情報の取得、物流倉庫、物流業者との出荷指示連携など、情報システムへの投資は膨大になります。しかし、それにより回収できる収益も莫大になることは、こうした企業が証明してくれています。

加工組立型製造業のWMSに求められる機能は多岐にわたりますが、ここでは特に重要だと思われる機能について紹介します。

❶生産管理システムとの連携機能

製造業には大きく4つの活動があり、それぞれの機能を支援するシステムが存在します。

1　生産に必要な材料や部品を調達するための購買発注システム
2　生産活動を管理する生産管理システム
3　工場、部品倉庫、製品倉庫の物流を管理する倉庫管理システム
4　販売を管理する販売管理システム

この4つのシステムのなかで製造業において最も重要になるのが生産管理システムです。WMSを導入する過程において、生産管理システムとどのように連携をしていくかが重要になります。

▶製造業における４つの活動を支援するシステム

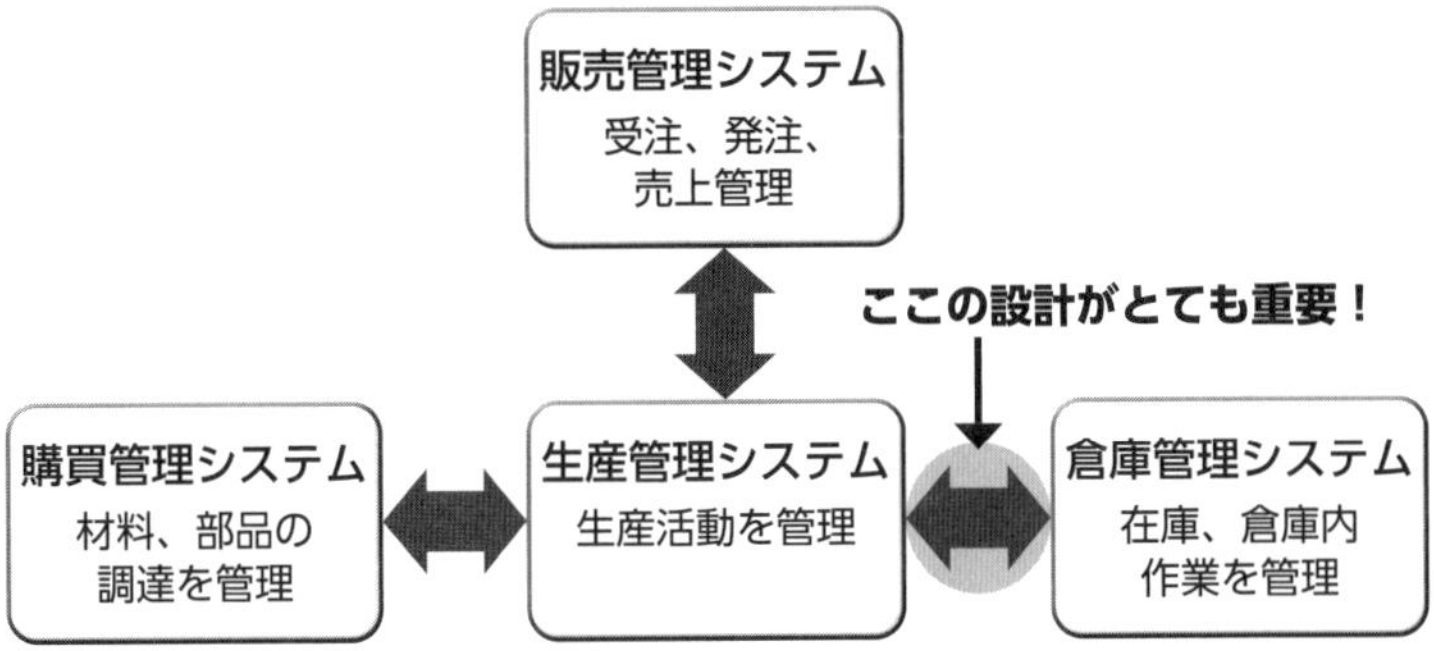

生産管理システムとの連携で気をつけなければいけないポイントはいくつかありますが、私の経験上最も重要だと考えるのは以下の３点です。

1　生産実績の計上はどちらのシステムで行うか
2　工程内の部品、仕掛け品の在庫をどちらが主で管理するか
3　生産指示が変更になった際のＷＭＳとの連携方法

1つ目の生産実績の計上は、一般的には生産管理システム側で行いますが、タブレットやハンディターミナルなどの携帯端末でリアルタイムに実績を計上する場合は、ＷＭＳ側で実装する場合もあります。

2つ目は工程内の在庫をどちらが主管するかといった問題です。生産管理側は生産計画を立案するうえで部品、仕掛け品、製品それぞれの在庫を管理しますが、場所の管理が得意でない場合が多いようです。そのような場合は、場所管理の得意なＷＭＳが工程内の在庫も管理する場合があります。

3つ目は生産管理システム側の生産指示が変更になった場合です。生産指示をベースに構成展開された部品をＷＭＳ側でピッキングし、部品を工程内に投入しますが、この途中で指示数量が変更になった場合の処理を事前に決めておかなければなりません。

ここの設計で手を抜くと、いつまでたっても生産管理システムとＷＭＳで在庫の整合が取れないといったことになってしまいます。

❷現品ラベル、カンバン発行機能

製造業では、カンバン、現品票といったラベルを部品、仕掛り品、製品に貼り付けして管理します。こうしたラベルの発行がさまざまなシーンで必要です。例えば、部品の受け入れ時、部品の小分け時、部品が組み立てられ半製品となって品番が変更になったとき、製品が組み上がったときなどです。

現品票やカンバンは、それが何であるかを示すとても大切な役割をしますので、貼り違いがあると大きなクレーム、品質問題に発展します。

一般的に現品ラベルやカンバンは生産管理システム側で発行するものと考えられていますが、私はWMS側で発行するほうがいいと考えています。なぜなら、貼り違いやミスを防ぐにはモノの動きと連動して発行することが求められるためです。

モノの動きと連動してリアルタイムに処理することが得意なのは生産管理システムよりもWMSです。どこのタイミングでどのようなラベルが必要かをよく検討したうえで、WMS上で発行する仕組みを設計するのがいいでしょう。

❸VMI機能

この産業では伝統的に、顧客がサプライヤーに対してオーダーします。この仕組みは長い間常識となっていますが、非効率な面があります。第一に、サプライヤーは事前に需要の情報を与えられません。彼らは顧客側の需要を予測することを余儀なくされ、結果として不必要な安全在庫を抱えることになります。

第二に、サプライヤーは毎日のように顧客側から予測にも計画にもなかった突然のオーダーを受けます。これは配送スケジュールの変更など、見えない余分なコストを生み出します。

こうした課題を解決する方法としてＶＭＩが出現しました。顧客はオーダーをせず、ベンダーと販売量や在庫量の情報を共有し、サプライヤーは顧客側の在庫の補充に責任をもつという仕組みです。

トヨタ生産方式は徹底したムダの排除を製造業に求めました。ムダを排除することで生産性を高めるのです。「多過ぎる人」「過剰な在庫」「過剰な設備」など必要以上にあるものは、製造原価を高める最大の要因です。このムダが原因となって、二次的なムダが発生します。

製造業において最も大きなムダは過剰在庫です。必要以上の在庫があって工場に入りきらなければ、倉庫を借りなければなりません。その倉庫に運ぶ必要もあります。しかも、いったん倉庫に在庫されると、何がいくつあるのか常に把握するために在庫管理部門を設置して、そのための人もシステムも用意しなければなりません。

正しい物流がなければ、製造業は儲かりません。生産のための部品や資材を工場に輸送するにも物流が必要ですし、生産した製品の出荷や市場への供給にも物流が必要です。ＯＣＴをいかに短縮化するかといった点を踏まえたうえで、生産管理システムとの最適な連携方法を十分に検討し、導入を進めるのが加工組立型製造業のＷＭＳ導入のポイントといえるでしょう。

医薬品製造業のWMS導入ポイント

近年、より質の高い効率的なサービスの提供が求められています。医薬品の物流においても、サービスの質を維持しつつコストを削減するという命題を達成することが求められています。

特に新型コロナウイルスの感染拡大による混乱のなかで、医療や物流など人々の生活を支える産業の重要性がこれまで以上に高まっています。

医療にとって医薬品や医療材料はなくてはならないものです。欠品や遅滞は許されません。保管方法もさまざまなルールがあり、取り扱いや保安上の細心の注意が必要です。

これらを踏まえて、WMSを有効に活用するにはポイントがあります。

医薬品は莫大な種類があり、大きく分けると「医療用」と「一般用」に分類されます。その種類によって取り扱える店舗や職種が制限されます。

「医療用」は医師や薬剤師など資格をもった専門家だけが取り扱いできます。一方「一般用」は消費者が直接店舗などで手に取って購入できる薬です。

通常、医薬品を市場に出荷する際は、医薬品販売業者による卸売り販売によって保管および供給されます。主な供給先は小売り店舗や医療機関などです。ECなど販売チャネル

▶ガイドラインの適用範囲（業態ベース）

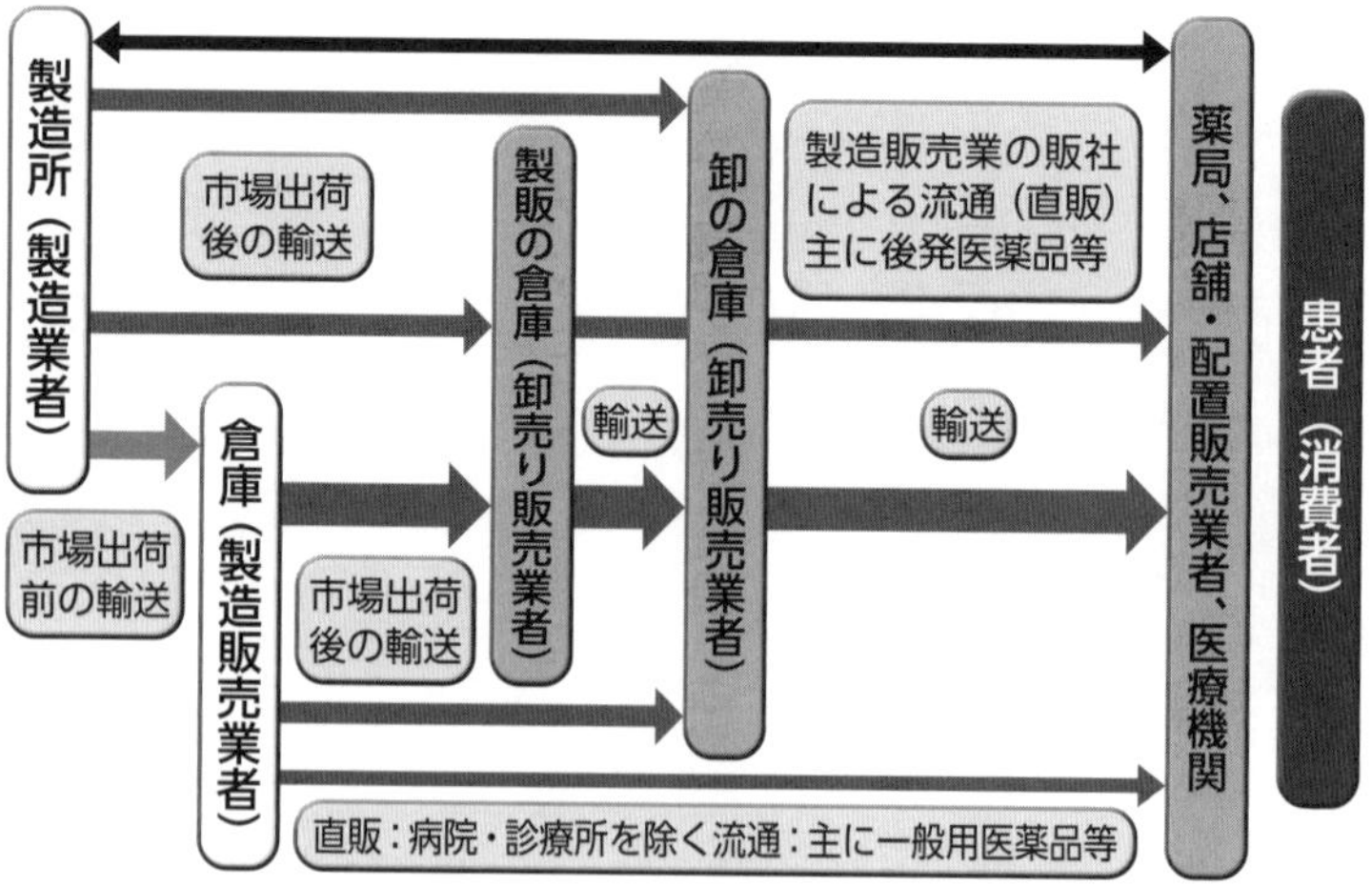

出典：日本製薬団体連合会 医薬品の適正流通ガイドライン解説

の多様化によって、最近の医薬品の流通経路はますます複雑になり、多くの人々が関与するようになってきたため、トレーサビリティ（追跡できること）の重要性が増しています。

厚生労働省が作成した「医薬品の適正流通（GDP）ガイドライン」を遵守し、流通経路の管理を保証することで、医薬品の完全性を保持することが厳格に求められます。

このガイドラインからWMS導入の際に機能要件として盛り込む必要がある項目が7つあります。

1　在庫は使用期限順の先入れ先出し（FIFO）の原則に従って管理すること

2 廃棄予定の医薬品は適切に識別し、隔離して一時保管し、手順書に従って取り扱うこと
3 廃棄したすべての医薬品の記録を、定められた期間にわたって保管すること
4 正しい製品がピッキングされたことを確実に保証するため、管理を行うこと
5 適切な使用期間が残った製品のみがピッキングされること
6 品名、ロット番号（ロットを構成しない医薬品については製造番号）、使用期限、数量を記録すること
7 製品を販売可能在庫に戻す場合、使用期限の先入れ先出しシステムが有効に機能する場所に収容すること

一般医薬の業界では、棚落ちによる多額の返品が長年の課題となっています。2018年7月に大塚製薬が公開した1375社の取り引き先に対して返品実態の分析を行った結果では、主な返品理由は111ページのグラフのとおりでした。

最も多かった返品理由は「ロット切迫・ロット切れ」で全体の約7割を占めています。

一般医薬の業界では、こうした返品を削減するため、在庫最適化、返品の主要因となる

シーズン商品にフォーカスした対策が必要です。
そのためには返品データを卸別、チェーン別、店別、商品別に分析する機能がＷＭＳに必要です。返品商品を倉庫で受け入れる際にバーコードハンディターミナルを活用して戻り先コード、数量をしっかりとデータ化し、そのデータを取り引き先企業と共有しながら協働対応が必須といえるでしょう。

そのほか、医薬品製造業に特有の課題を解決するために必要なＷＭＳの機能を紹介します。

〈適正に在庫を保つためのアラート機能〉

ＷＭＳ側で在庫数を適正にコントロールするためのアラート機能が必要です。特に新製品、季節品、セール対応品など過剰在庫、返品対象になりやすい商品について未然に防ぐ仕組みを実装します。

〈ロット別出荷管理機能〉

製品、ロットごとに「有効期限」「出荷期限」を登録、管理する機能は必須です。「出荷期限」を過ぎた製品、ロットは出荷されないようチェックします。また納品先ごとに３分

▶返品理由について大塚製薬アンケート結果

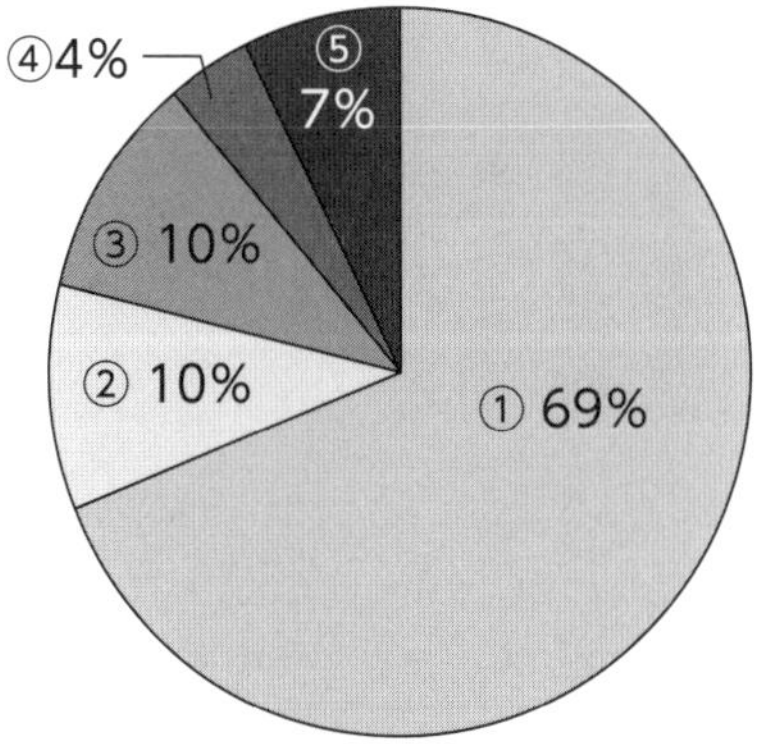
④4%
⑤
7%
③ 10%
② 10%
① 69%

①ロット切迫・ロット切れ　② 1/3 ルール　③定番カット
④店舗改装　⑤その他

▶取り引き先企業と協働対応する際のポイント

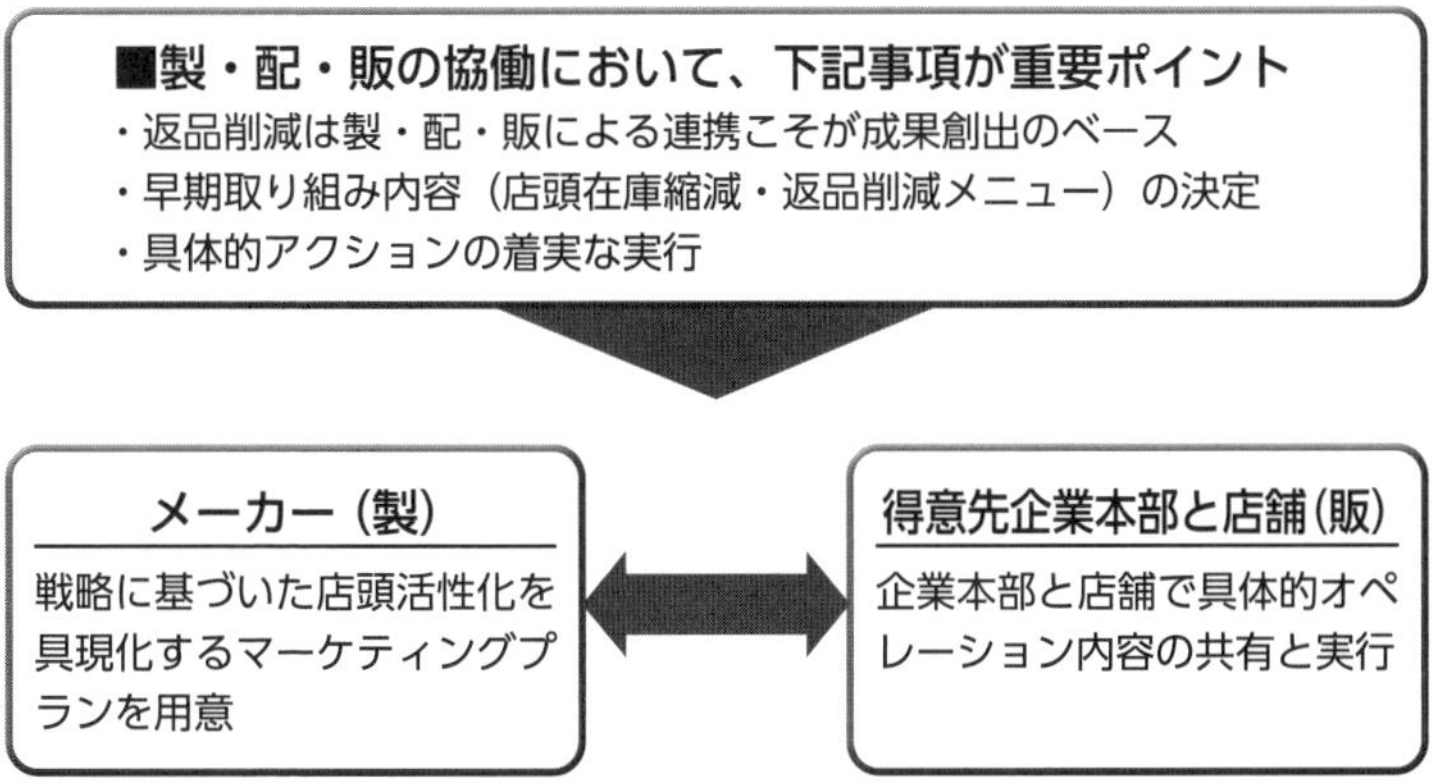
■製・配・販の協働において、下記事項が重要ポイント
・返品削減は製・配・販による連携こそが成果創出のベース
・早期取り組み内容（店頭在庫縮減・返品削減メニュー）の決定
・具体的アクションの着実な実行
メーカー（製）
戦略に基づいた店頭活性化を具現化するマーケティングプランを用意
得意先企業本部と店舗（販）
企業本部と店舗で具体的オペレーション内容の共有と実行

出典：大塚製薬『配送効率化』・『返品削減』（2017）より著者作成

の1ルールなど、納品ルールが異なるので納品先マスタに納品ルールを設定する機能が必要になります。

〈アイテム種別管理機能〉

医薬品のアイテムには「生物由来品」「毒物・劇薬」「保冷品」などアイテムの種類によって保管方法、管理方法が法律で定められています。アイテムマスタにこうした分類を指定し、入庫や出庫に必要な警告を表示したり、保管場所のチェック機能が必要になります。

〈ロット逆転防止機能〉

在庫引き当て時にロット単位で先入れ先出しを行う機能は当然として、医薬品の場合はさらに納入先単位でロット逆転防止の機能が必要になります。納入先に納品した最終出荷のロットをデータベースに保存しておき、そのロットより古いロットの商品は出荷できないように随時チェックする機能が必要です。

〈死蔵品（デッドストック）防止機能〉

一定期間使用されず動きのまったくない物品を死蔵品（デッドストック）といいます。

そのまま放置すると滅菌期限が切れたり、変色したりしてやがては医薬品としての価値・効能がなくなってしまいます。死蔵品については評価減や評価損として評価替えを行い、最終的には廃棄処分をしなくてはなりません。

どのくらいの期間、使用しないと死蔵品とするかが問題ですが、一般に医療施設では、半期ごとで運営状態を見ることが多いので、これに合わせ6カ月動きのない医薬品を死蔵品とする場合が多くなっています。医薬品の種類ごとに期間を設定し、一定期間動きのない医薬品が死蔵品になる前にアラートする機能が必要です。

少量多品種の製品をWMSで管理する

近年、ECの普及によりネットで服を買うことが当たり前になりました。「服はサイズや柄があるので試着がないと売れない」という常識も今ではすっかり過去の話です。D2C（消費者への直接販売）など実店舗をもたずに販売チャネルは自社のECサイトのみのEC専業ブランドも存在感を高めています。

アパレル業界の物流には①アイテムの品種がとても多い、②アイテムのライフサイクルが短い、③需要の変動が激しいなどの特徴があります。製造業でも少量多品種の製品をつくっている企業では、アパレル業界でのWMS導入ポイントが参考になるでしょう。

アパレル業界では、同じアイテムでも色やサイズ、柄などの違いでアイテムの品種がとても多くなります。同じタイプのTシャツであっても、サイズや色の違いで在庫の管理を分ける必要があります。業界ではSKU管理と呼ばれていますが、例えば色がホワイト・ブラック・レッドの、サイズがS・M・Lであれば、1つのアイテムで「9SKU」となり、その管理が必要になります。

このようにアイテムを細かく分類して販売実績や在庫をつかむことでどの色、どのサイズがよく売れているのかを把握することができます。それにより過剰在庫や欠品による販売機会損失を防ぐことが可能になります。

しかし、次ページの図のように管理項目の組み合わせは複雑で膨大な量になるのでSKU単位で正確にアイテムを管理するのは容易ではありません。

単品でMサイズのブルーのカットソーをWMSで管理する場合は、このコード表から「3094857-2-23」という識別コードを生成します。ただし、この識別コードの採番方法は業界統一のルールが定められているわけではないので、各社によって任意に付けられています。量販店などで販売される商品の場合は、単品ごとにJANコードを付けて管理するケースもあります。

▶一般的なSKUの組み合わせ

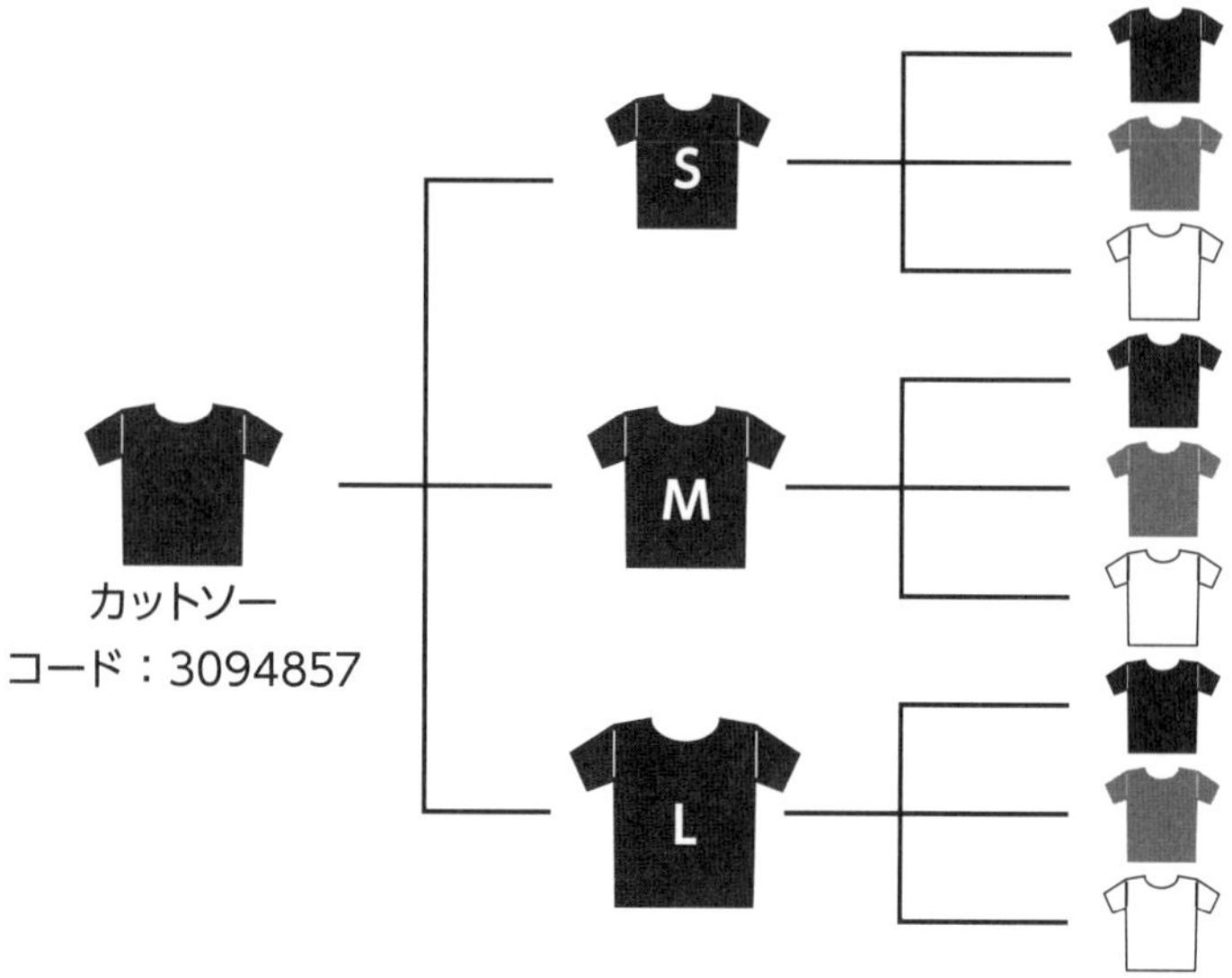

アパレル業界では、アイテムのライフサイクルが短いのも特徴です。トレンドやシーズン性の高いアパレルは、4つのシーズンごとにアイテムの入れ替えが行われるため、ライフサイクルは1~4カ月程度です。トレンドやシーズンが過ぎると商品の価値は限りなくゼロに近くなるため、廃棄ロスのリスクが非常に高くなります。

需要はトレンドや気候などの外部環境の影響を受けやすいので、需要予測や販売計画が立てにくいという特徴があり、欠品による販売機会損失や過剰在庫による廃棄ロスのリスクが非常に高いのも特徴となります。

このような小売りの在庫リスクを軽減する方法として、SPA（製造小売り業）という業態が生まれました。製造と販売を一貫して手掛けることにより、生産リードタイムを大幅に短縮し、店舗での正確な販売実績に基づいた生産量調整を可能にします。

また、生産量を維持するために店舗側で売り切ることなどで不良在庫や機会損失を削減します。国内ではユニクロ、海外ではザラ（ZARA）やH&MなどがSPAの成功モデルとして有名です。

SPAを支えるWMSには、生産管理システムとPOS（販売管理システム）と連携しSPAとサプライチェーンが情報をリアルタイムに共有する機能を設計、実装しなければなりません。

アパレル業界ではSPAを一つの成功モデルとして、企業間を越えた業務改革が進んでいます。その意味ではほかの業界より先進的であり、曖昧な過去の商習慣を排除した新しいビジネスモデルもどんどん生まれています。

アパレル流通・小売り業にとって資産としての在庫はどのような意味をもつのでしょうか。単純に考えると、在庫が多ければ多いほど機会損失は減るし、仕入れ原価も減るし、資産も増えるので、良いことばかりのように思えます。しかし、在庫が多過ぎるということは、会計の観点から見ると、良くない状況に陥ります。

▶SPA（製造小売り業）の仕組み

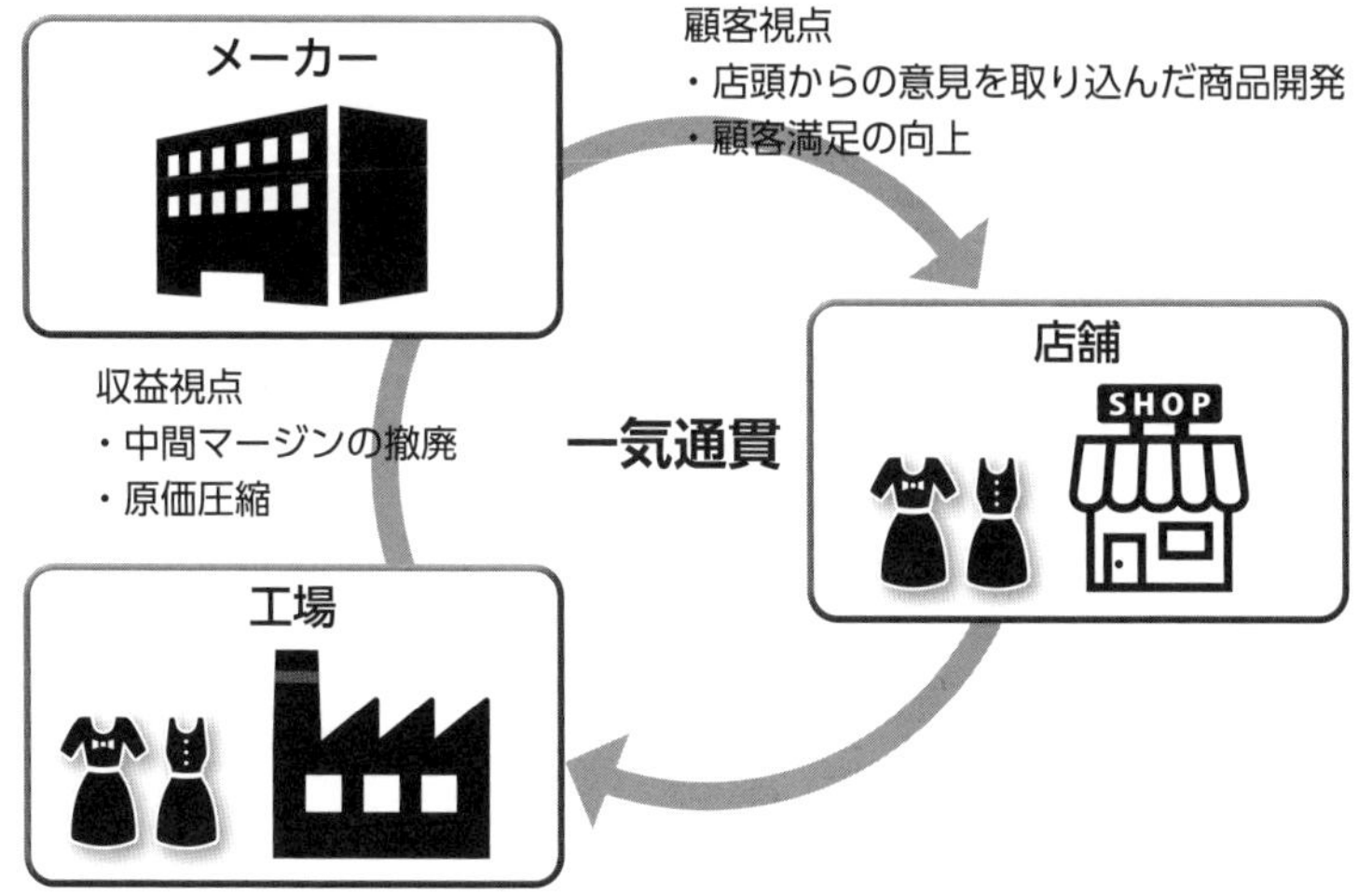

一番の理由は、この業界のアイテムは時間の経過とともに在庫の価値がどんどん目減りしていくことです。会計では「在庫金額」という勘定科目がありますが、この「在庫金額」は時間が経過するとどんどん減っていきます。

減った価値は当然、損失として計上されます。そこでアパレルの流通・小売り企業は、機会損失と売上原価の低減のメリットも出しつつ、ムダな在庫はもたないという「在庫の最適化」が非常に重要になってきます。

したがって、ＷＭＳ導入の目的も、在庫最適化の実現が含まれていなければなりません。「高価なＷＭＳだから在庫を適正に管理する機能は当然付いているだろう」と思っていると、大きな落とし穴にはまってしまいます。

一口に「在庫最適化」といっても企業によってその目標、改善過程は異なりますので、要件定義する際にはしっかりとこのテーマについて検討が必要です。

また、一般的なＷＭＳや在庫管理システムには在庫回転率分析機能は標準で搭載されていますが、この機能をうまく活用できている企業は非常に少ないようです。そもそも「分析結果をどう現場に反映したらよいか分からない」との相談がよくあります。

ここで在庫回転率の計算式について確認します。

「在庫回転率」＝「売上原価」÷「平均在庫金額」

アパレルのアイテムは非常に多くの種類のＳＫＵの回転率を分析しなければならないので、分析対象を企業業績への影響が大きい商品に絞ることが重要になってきます。その方法としては「商品」と「時間」の２つの軸で複合的に在庫回転率を分析する方法をおすすめしています。

まず「商品軸」ですが、「アイテムカテゴリー」と「ＡＢＣランク」で絞ります。そして「時間軸」では、年、四半期、月単位でデータを比較、分析します。

もう少し具体的な手順を解説します。まずはアイテム、またはアイテムカテゴリーごとにＡＢＣにランク付けします。そしてそれぞれ在庫回転率の基準値を設定します。続いてＡＢＣランクの上のほうから、在庫回転率の基準値を下回っているＳＫＵを探していきます。

ここからが重要なポイントです。そのＳＫＵの売上原価、売上高、在庫金額をデータで取得して、なぜ在庫回転率が基準値より低いかを調査します。

一般的に在庫回転率が悪くなる理由は、売上が見込みより下回ることです。仕入れの量を減らすのか、基準在庫を減らすのか、販売促進するのかなどを一つずつ検討することになります。

アイテムの仕入れデータや原価については、販売管理システムと連携してデータを取得する仕組みが必要になります。

アパレル業界ではユニクロやシップス（ＳＨＩＰＳ）などでＲＦＩＤの導入が進んでいます。アパレル業界ではＲＦＩＤはコスト障壁による長年の停滞時期をようやく抜け出し、ブレイクのときを迎えています。

ＳＫＵがばらばらに混ざったまま入ってくることが多いアパレルでは、入荷検品が非常に煩雑で負荷の高い作業となっています。しかし、ＲＦＩＤを利用すれば一括で検品でき

▶在庫回転率の分析に必要な要素

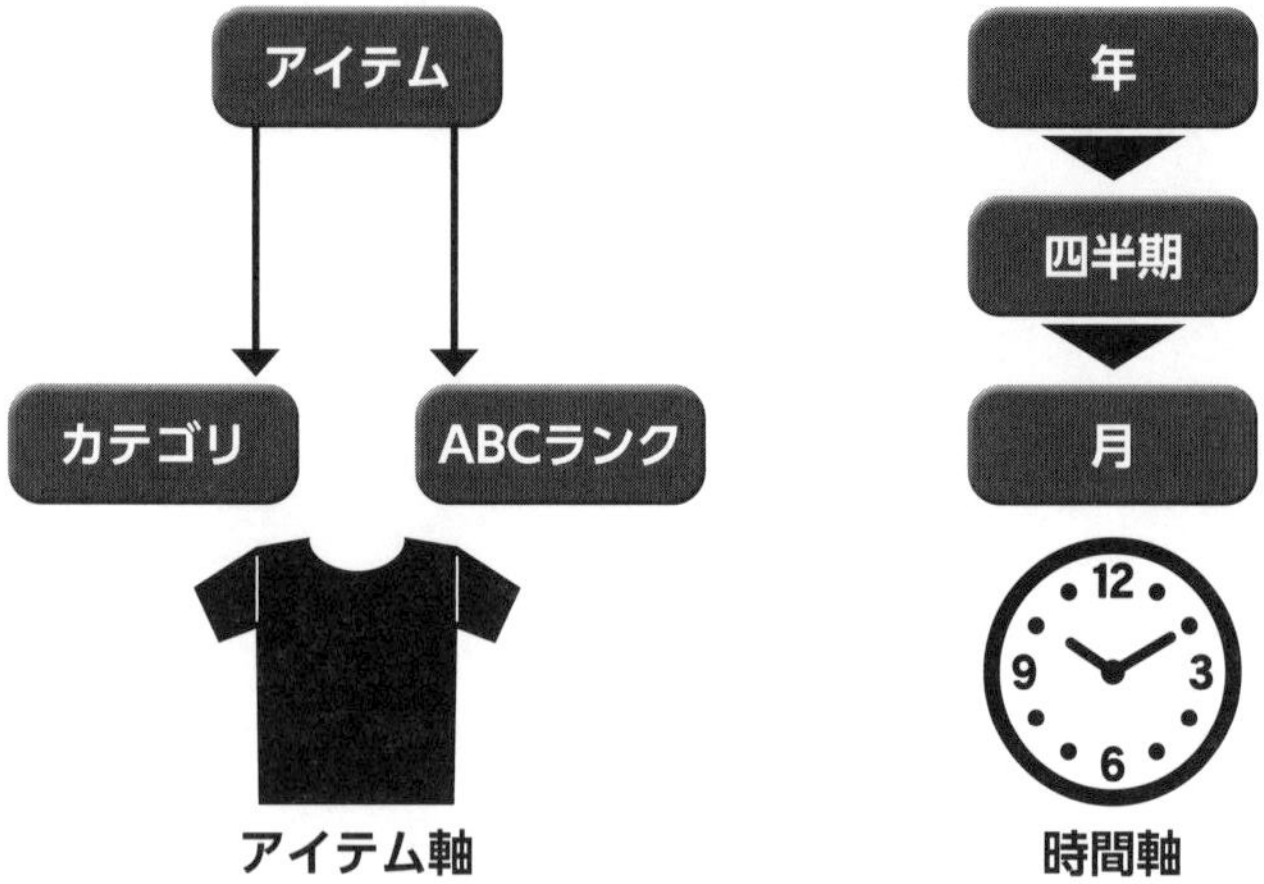

ると同時に、SKU別仕分けも同時に行うことが可能になります。

商品を倉庫のコンベヤに投入する際、通常の自動仕分け機のようにラベルのバーコードを探してスキャンする必要がなくなります。アイテムを次々に投入するだけで、ラベルが商品の内側に隠れていても自動で読み取り、検品をしながらSKU別にシュートへ仕分けするといったことが可能になります。

また店舗での棚卸しやレジの無人化にも利用できるので、倉庫と店舗の両方で効率化が図れる点はほかの業界よりもコストメリットを出しやすいといえるでしょう。

以上のようにアパレルの物流は、季節やトレンドで出荷波動が大きく、保管環境にも細心の注意が必要になります。またタグ付けやネームの付け替え、不良品の補修など流通加工も倉庫で行うことが多いのでそうした作業指示もWMSに必要になる場合があります。

WMSを導入する際には、販売管理システムとの連携性を高め、在庫回転率などの在庫分析をリアルタイムに行い、流通加工等の機能を加えることができるカスタマイズ性に重点をおくといいでしょう。

販売チャネルの多様化に対応するWMS導入ポイント

これまでECには積極的でなく、店舗で勝負していた小売り業が、続々とECを強化しています。EC市場には競合がひしめいており、後発でECに参入して商機をつかむにはネットと店舗の壁を取り払うオムニチャネル化が鍵となりますが、最終的には物流デジタル化が勝敗を分けます。

では、小売り業はデジタル化にどう対応すべきでしょうか。リアル店舗とネットをはじめとするすべてのチャネルを融合するオムニチャネルは、買い物の利便性を飛躍的に高めると期待されています。製造業でも自社でユーザーに直接販売する事業を手掛けている場合には、小売り業の事例が参考になります。

世界のＥＣ市場は依然成長を続けていますが、その成長スペースは今後鈍化していくことが予想されており、成熟化の兆しが見え始めています。長期的にも先進国のＥＣ化率は４割程度で頭打ちになると見られています。

そう考えると実店舗は今後も販売チャネルの中心的な存在であり続けます。実店舗を保有するオムニチャネルでは、ＥＣサイトをカタログ代わりに使います。狭い店舗では店頭に陳列できる在庫の数は限られています。そこでＥＣサイトで色のバリエーションやコーディネートのイメージを確認し、店舗でサイズ感や質感を確認して、買い物をすることができます。

顧客への販売チャネルが実店舗のみというシングルチャネルの時代から比べると、物流の仕組みも一気に複雑化しています。店頭在庫をＥＣ用にも活用し、ＢｔｏＢ向けに設計した庫内作業にピース機能を付加する必要があります。

また販売チャネルが多様化し、ストックポイント（注文を在庫に引き当て出荷するポイント）や配送方法がマルチ化し、日を追うごとに新しい選択肢が生まれています。

そのなかから顧客のニーズに最も適し、かつコストパフォーマンスの高いフルフィルメント（受注から発送までのプロセス）を選択し、実行する必要があります。そのためには、在庫の配分と引き当てを最適化するＩＴツールが不可欠となります。

オムニチャネル化を支えるＷＭＳに求められる機能として、オーダーマネジメント機能が挙げられます。オーダーマネジメント機能とは、オーダーに対して、在庫のコントロールとフルフィルメントの実行（出荷手配）を行うものです。

次ページの図のように顧客のオーダーに対して、倉庫や店舗の在庫を一元管理し、最適な在庫を引き当てて配送コストの最も安い配送方法を選択し実行します。

従来は、コストとして考えられていたオーダーに対する「出荷手配業務」ですが、ストックポイントが分散し、多様な配送方法が選択できる現在では、競争優位の手段に位置付けが変わりました。

オーダーマネジメントによって、企業は次の４つの戦略要件を同時に手にすることが可能になります。

❶収益成長

従来のフルフィルメントの仕組みでは、オンラインによるオーダーに対してＤＣ（在庫型倉庫）に在庫がない場合、欠品扱いとなり、販売機会の損失になっていました。しか

▶オーダーマネジメント機能

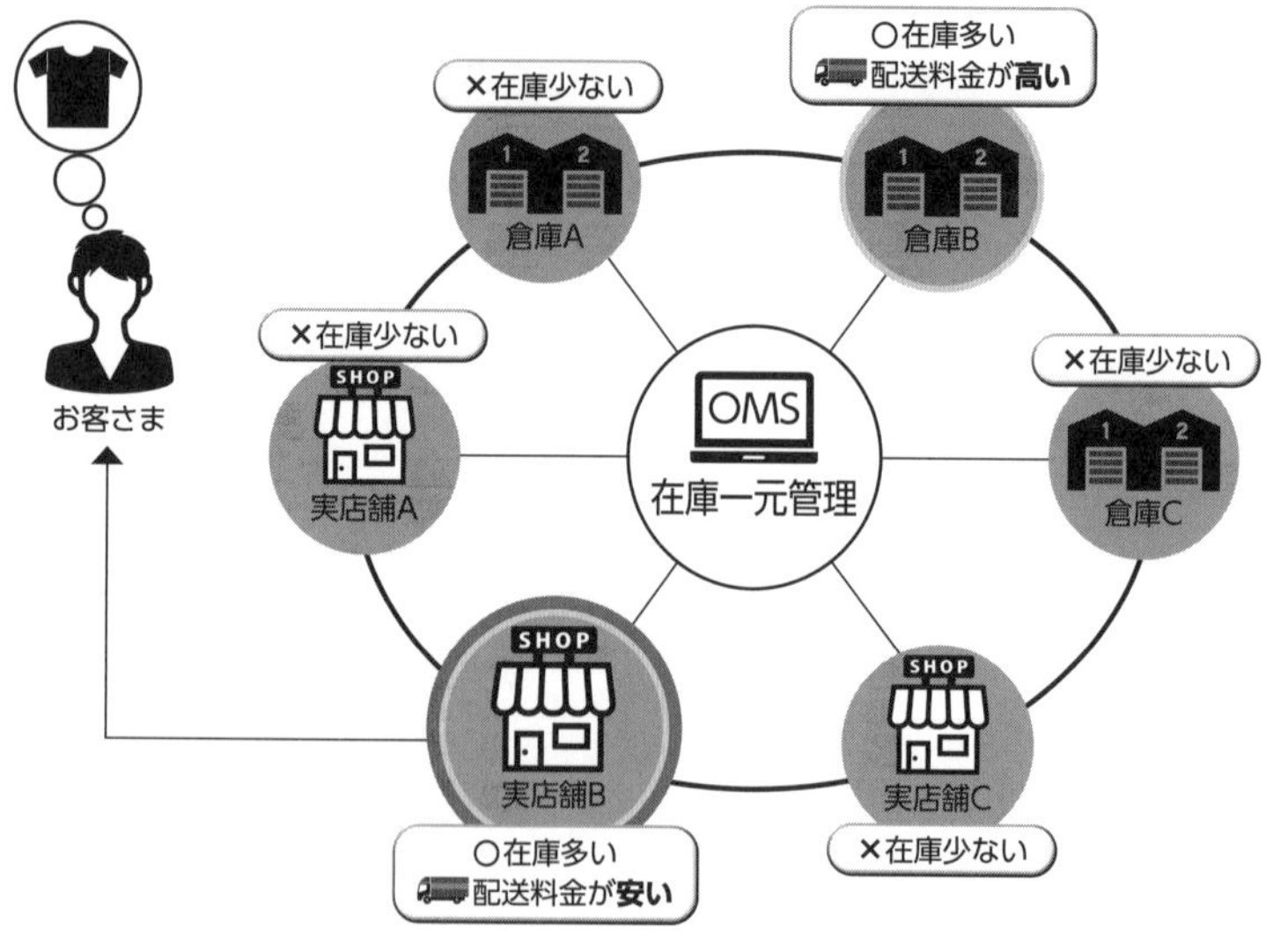

し、オーダーマネジメントでは、DCに限らず店舗や入荷予定のデータを拡大したネットワーク在庫として扱うことで、利用可能な在庫を増やし、全体の在庫量を増やさずに欠品を最小限に抑えることが可能になります。

これによって企業の収益性の向上に貢献できます。

❷サービス迅速化

オンラインで受けたオーダーに対して、どのストックポイントを選択して、どのような方法で顧客に届けるかの選択次第で、フルフィルメントのスピードとコストは変わってきます。シングルチャネルの時代には選択肢が少ないため、あまり考える必要がありませんでしたが、オムニチャネル時代にはそこが大きな差別化のポイントになります。

顧客ニーズも多様化しています。例えば、翌日商品が届くよりも、「3日後でもいいから配送料を安くしてほしい」といったニーズもあります。このような顧客のニーズを満足させつつ、最もコストの安いオプションを選択することでサービスを迅速化できます。

❸営業利益最大化

オーダーマネジメント機能を活用することは、オムニチャネル企業が最も投資対効果を期待できる戦略領域です。例えば、従来は2つに分けて配送していた注文を1つにまとめて配送すれば、実質コストは半分になります。3つを1つにすれば3分の1です。これだけでも支払い物流費率が高いECにとっては決定的な差別化が図れます。

またオンラインで受けたオーダーに対して、その商品の売れ行きが良くない店舗に優先的に引き当てることで廃棄ロスや値引き販売を防止できます。このように適切な在庫に自動的に引き当てを行うことで、在庫ロスを最小限にし、利益を最大化できます。

❹設備稼働率最大化

人材確保が困難な今、各倉庫や店舗のキャパシティには波があります。人手に余裕のある倉庫があればそこを優先して出荷手配を掛けることで、アセット全体の回転率を最大化することが可能になります。

商品を出荷したり返品を受けたりする場所は、これまで物流センターだけでしたが、それが現在では複雑化しています。フルフィルメントのパターンが増えて、ストックポイントが分散したことで、在庫の統合管理が改めて課題として浮き彫りになっているのです。

大都市の中心部に大型の旗艦店を展開するヨドバシカメラは、豊富な店舗在庫を使って店舗周辺エリアの超スピード配送や注文から30分以内の店頭受け取りを保証するサービスを行っています。このように店頭在庫をECに利用する方法は、日本でも増えてきました。特に家具や家電などは進んでおり、各社のウェブサイトでは店内にある在庫を予約できます。ちなみに米国では、店頭の在庫をオンライン注文に引き当てる仕組みは日本よりも圧倒的に進んでいます。

物流センターの在庫をEC用に利用するのはそれほど難しくはありませんが、店頭在庫を利用するとなると一気にハードルが高くなります。なぜなら店頭在庫は理論在庫と実在

▶オーダーマネジメントによって手に入る戦略要件

1.収益成長
倉庫で欠品している商品を店頭在庫や入荷予定で引き当てするなど、従来の仕組みでは欠品や機会損失に陥っていたところを、拡大したネットワーク在庫にオーダーをブッキングすることによって、収益を向上させます。

2.サービス迅速化
オーダーに対して最も迅速に、あるいは最も低コストで配送できる在庫と配送方法を選択することで、顧客の求めるサービスを満たしたうえで、最適な出荷手配を実行します。

3.営業利益最大化
最も大きなIT投資効果を期待できる領域です。２つに分けて配送していたオーダーを１つにまとめれば、配送コストは実質半分になります。また売れ行きの悪い店舗の在庫を優先して引き当てるなどして、在庫ロスを回避します。

4.設備稼働率最大化
倉庫の作業員や配送業者のキャパシティによって、すぐに手配を切り替えることができます。人手に余裕があるセンターや店舗があればそこにオーダーを引き当てすることで、アセット全体の回転率の最大化を図ります。

庫の差が物流センターよりも大きいからです。

一般的に物流センターの在庫差異率が3〜5％であるのに対して、店頭在庫の差異率は30％とおよそ10倍に跳ね上がります。物流センターでは、商品が棚からピックアップされた瞬間に理論在庫が落ちますが、店頭の在庫は、客が商品を買い物かごに入れている間、理論在庫はそのままです。また購入せずに別の棚に戻したり、盗難など物流センターとは異なるさまざまな事情によって在庫精度は低下します。

ECからのオーダーに対して店頭在庫を引き当てて欠品した場合のダメージは、通常の店頭欠品とは比較になららないほど深刻です。店頭であれば顧客も「仕方ない」で諦めますが、ＥＣの場合はピッキングする段階で初めて欠品したことに気づくので、顧客への連絡は遅れますし、顧客側も「在庫があるから注文したのに」とクレームになり、ロイヤリティの低下は免れません。

店頭在庫の共有化は、在庫精度を１００％として設計した仕組みではうまくいきません。在庫精度を70％程度で考えて、差分は安全在庫の水準値を上げることで対応せざるを得ないでしょう。

オムニチャネル経営における差別化の鍵は、物流のパーソナライズ化です。デジタル技術を使って複数のチャネルを融合して顧客との接点を濃密化し、関係性を深めていく必要があります。オムニチャネル化が進む一方で、その効果を十分に発揮できている企業は多くありません。

オムニチャネル企業がＷＭＳという実行系システムを導入する過程においては、オーダーマネジメント機能は不可欠のソリューションとなるでしょう。その導入準備に今すぐ取り掛かる必要があります。

自社のWMSに不満がある企業が考えるべきこと

ここまで業界別にWMSの導入ポイントを紹介してきましたが、WMSあるいはIMS（在庫管理システム）といった物流システムは、すでに多くの企業が導入して当たり前のものになっています。しかし、自社のWMSに満足していないとの声も多く聞きます。実際、私の会社に相談のある案件でも、「自社のWMSに満足していないので一からやり直したい」といった声が少なくありません。

しかし、詳しく理由を聞いてみると、実はWMSの問題というより運用方法に原因がある場合がほとんどです。企業にとってWMSは物流の足回りを支援する重要なシステムでありながら、財務や販売などの基幹システムと比べると、戦略性や運用方法の考え方の点で大きく後れを取っているようにも感じます。

「WMSベンダーの営業が提案する内容のままで導入したにもかかわらず成果が出ていない」と悩んでいるケースも少なくありません。WMSは導入してからが本当の改革の始まりです。導入はその一歩にしか過ぎません。

WMSを導入する多くの企業は、導入費用、スケジュール等の必須要件から、システムに必要な機能要件を整理し、本稼働にこぎ着けます。しかし、システムローンチ後に安定稼働まで運ぶと、あとの運用は情報システム部門、ベンダーに委ねられます。

自社の物流を支援するWMSや在庫を管理するIMS、そのシステムリスクを第三者の視点で網羅的にチェックされることがほとんどありません。WMS導入後に、計画的に第三者視点でシステムが監査されているのは一部の企業だけでしょう。

しかし、経営者やシステムの利用者による第三者がWMSやIMSを監査することは意味があります。ベンダーや情報システム部門の視点だけに基づくと、目に見えないさまざまなリスクをシステムが抱えることになります。

第三者から網羅的な視点でシステムをチェックしてもらったり、モニタリングしてもらったりすることは、システムの硬直化を防ぎ、リスクを抑えるためにたいへん有効です。こうしたチェック体制がないと、現場の利用ユーザーは不満を抱えたまま我慢してシステムを利用することになります。

現場の利用ユーザーは稼働当初はそうした不満を情報システムやベンダーに課題として挙げますが、徐々に不満を言わなくなってきます。主な理由は以下の3つだと私は考えています。

1　課題で挙げると追加費用がかかるので、上司に嫌がられる

2　今となっては、そんなに大きな問題ではないと思っている
3　ベンダーや情報システムとのやり取りが面倒

経営者はシステムが本稼働すると、すっかり安心して無関心になります。情報システム部門は日々のメンテナンスや運用に振り回されて現場の意見を聞いたり、新たな提案をする暇がなくなります。ベンダーは不具合やシステムトラブルがあった場合にのみ対応を行う保険としてしか機能しなくなります。こうして、倉庫管理システムは導入当時のまま硬直化が続き、効果性がどんどん低くなっていくのです。

従来の監査スキームでは、まず必須要件をチェックします。ＷＭＳを導入する際に、次のようなリスクが経営者や情報システムから指摘されると思います。

1　システムが運用にのらないリスク
2　稼働が遅れるリスク
3　開発予算がオーバーするリスク

続いて、機能の要件についてチェックされます。ハードウェアの要件や現場に必要な機

能が細かくチェックされます。これらの指摘は、言い換えるとベンダーや情報システム部門がシステム導入プロジェクトを成功させるためのものであり、システムの効果性を高めるためのものではありません。

本来はこれらに加えて、経営者の視点、現場ユーザーの視点に基づくさまざまなリスクについて検討がされるべきです。

例えば、経営者の視点からWMSを監査した結果を想定すると、「想定した投資効果が得られているか」「WMSのデータを活用して、経営との融合が図れているか」、「WMSを利用した新たなサービスを顧客に提案できているか」などが考えられます。こうした拡張要件をローンチ後に定期的にチェックする監査体制が重要になります。

現場の利用ユーザー視点では、「UI（ユーザーインターフェース）の改善が必要な処理がないか」「WMSの機能で利用されていない機能がないか」「認知されていない機能がないか」「データが貯まって処理スピードが落ちている箇所はないか」などのリスクをチェックします。

こうした視点を織り交ぜて、WMSを監査すると、例えば次のような指摘になると想像できます。

・システム導入前の在庫削減の目標値に達していない→在庫精緻化には成功したが、削減に至っていない理由は何か。
・利用率が低い機能がある→なぜ利用率が低いのかについて分析し、利用率を上げていく方法の検討が必要だ。

従来のシステム監査では、システムを提供する視点でリスクを洗い出すのが一般的でした。経営者や利用者の視点を入れてローンチ後に定期的に監査されるケースはまれです。今やWMSの監査はシステム導入前のチェックだけでは十分ではありません。物流を取り巻く経営環境の変化は目覚ましく、数カ月単位で現場のオペレーション環境は変わっています。経営者、サービス利用者、情報システム部門、ベンダーといった幅広い視点に基づき、WMSの有効性、効果性を定期的に監査することで、「硬直化」から「成長戦略型」へと変貌を遂げることができるのです。

では、WMSを監査する際のチェック対象項目と監査方法はどうするのがいいでしょう。

監査対象については、細かく挙げると数多くありますが、主に「効果性」「効率性」「利用状況」「稼働状況」の4つに分類して対象項目を整理することがポイントです（136ペー

▶システムの３大要件

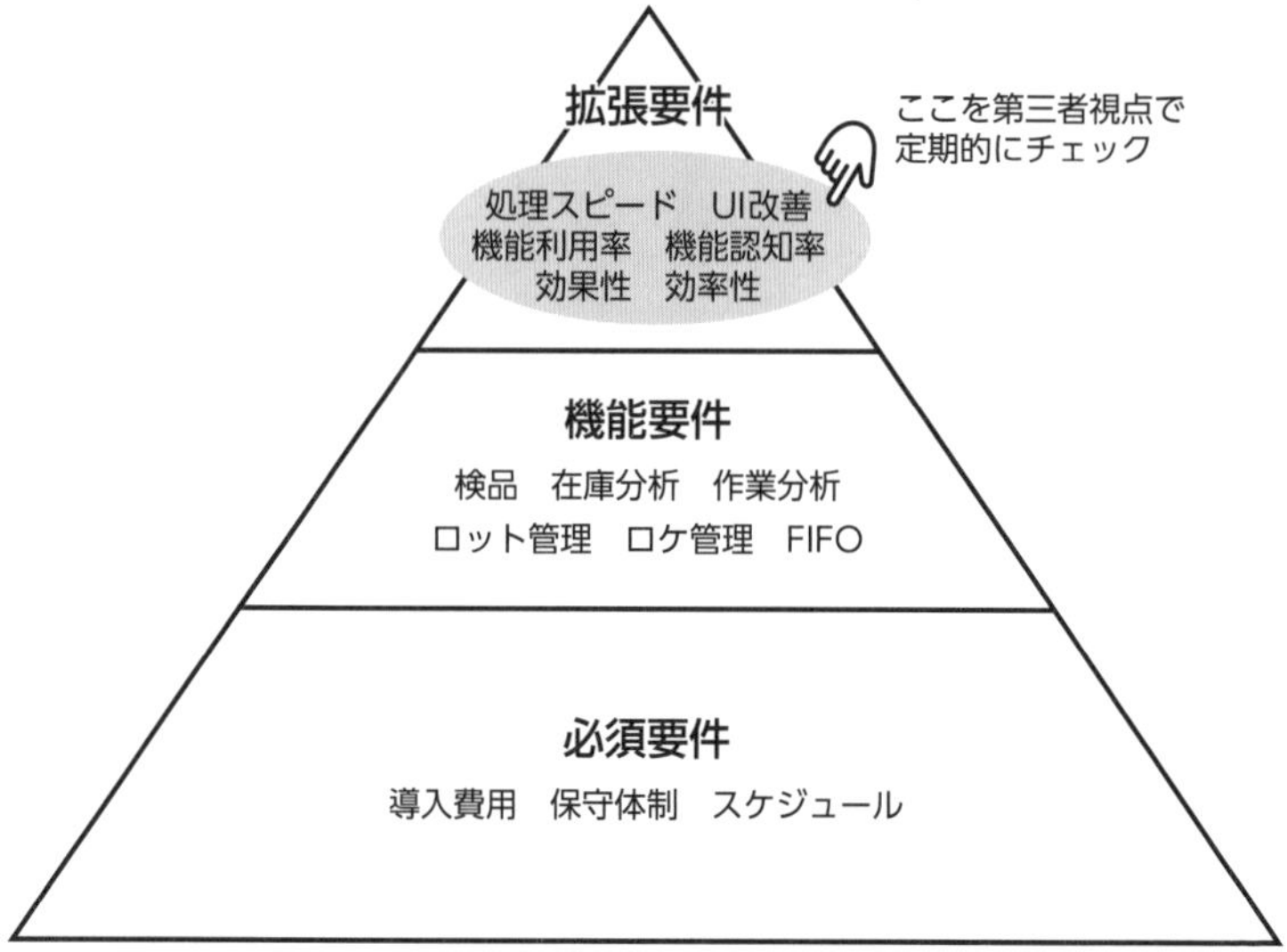

ジの図参照)。

監査を行う対象項目を整理できたら、監査の方法について検討します。まずは監査計画として、検証する対象を絞り、検証する期間を定めます。

続いて検証対象の実地調査を行います。実地調査については、誰が行うのかを明確にしておきましょう。検証期間が終わると、調査報告書をまとめて監査報告会を実施します。その後、改善が必要な箇所については対策案と予算案をまとめて、対策を実行に移していきます。

以上の手順に沿って自社のＷＭ

Sの監査を行い、変化に対応しながら成長し続けるシステムを目指します。

セミスクラッチ型WMSを活用し、中小企業が物流DXを推進するには、どのベンダーと組むかが重要ですが、同時に社内のプロジェクトリーダーが大きな鍵を握るのも事実です。「情報システムに詳しいから」「物流現場の業務に詳しいから」「発言権があるから」という理由だけで在庫管理のプロジェクトリーダーを選定すると、大きな効果は期待できません。以前、私の会社でWMS導入を支援した企業でも、プロジェクトリーダーの選定を誤ったために、計画が頓挫しかけたケースがあります。

この企業で任命されたプロジェクトリーダーは、社内の関係部署との調整がうまくいかず、それが負担となって、プロジェクトの途中で退職してしまいました。その後、別のメンバーがリーダーの代わりを務めましたが、うまくいきません。徐々に、プロジェクトメンバー全員がWMSに関わる仕事を避けるようになってしまいました。

しかし、企業としても1000万円近い資金を投入していますから、後戻りはできません。そこで、同じ規模のシステムを導入した経験をもつ人材を中途採用して、改めてプロジェクトリーダーに任命したのです。

すると、たった3カ月でシステムの運用にこぎつけました。それだけプロジェクトリー

▶WMSを監査する際のチェック対象項目と監査方法

■効果性の検証
- 戦略的視点
- 競合戦略
- 在庫最適化

■効率性の検証
- 生産性
- 出荷品質、リードタイム
- 在庫差異率

■利用状況の検証
- 機能単位での利用率
- 機能単位の認知度
- 機能単位の処理スピード

■稼働状況の検証
- 高可用性の検証
- 障害発生頻度、復旧時間の検証
- セキュリティの検証

監査計画
- 検証する対象を絞る
- 検証期間を決める

調査
- 検証対象の実施調査
- データ収集
- 現場ヒアリング

調査報告
- 調査報告書の作成
- 監査報告会の実施

フォローアップ
- 改善、対策案
- 改善、対策の予算案
- 改善、対策の実施

ダー選びは大切です。やはり、広い視野で全体を俯瞰して観察し、みんなが良くなる方法を調整しながら進めていける人がプロジェクトリーダーに任命されなければうまくいきません。

第4章

成功事例に学ぶ、物流DX

材料調達リードタイムを大幅に短縮

国内企業は、少子高齢化による労働力の不足に苦しんでいます。その人手不足を解消する切り札として期待されるのが自動化技術です。

O社は、こうした社会的課題・ニーズに応えるべく、「ワイヤーハーネス」「医療」「FA装置」の3つの事業を柱として現在急成長している注目企業です。2018年12月には、経済産業省が地域経済を牽引する地域の中核企業を選定する「地域未来牽引企業」に選定されています。

同社が本社を構えるのは福岡県福岡市。会社設立以来、製造・医療をはじめ、さまざまな業界の発展を陰で支えてきました。なかでもここ数年伸びてきているのが、医療事業とFA装置事業です。売上の5割を超えるワイヤーハーネス事業に加え、医療、FA装置が新たな事業として急成長しています。

この分野で同社が最大の強みとしているのは、企画、設計、製作までを一気通貫で提供できる技術者集団です。医療事業においては、イノベーションの創出に果敢にチャレンジし、医療の効率を高め、少子高齢化を迎える国内の医療を救う重要なテクノロジーを開発しています。

人命を預かる医療機器は高度な品質が求められますが、ここでも同社の品質に対するこだわりが強みを発揮します。これまでも品質第一主義をモットーに、多芯ケーブル、ロボットケーブル、通信ケーブル、FA機器用・医療機器用ケーブルなどの製造で市場の信頼を勝ち取ってきました。

多品種、小ロット、短納期対応の本社工場と、量産品を取り扱うベトナム工場との連携で多様化する市場ニーズに応えています。

材料のVMI管理を実現するべく在庫管理システムを検討

2014年春、同社は受注の拡大に伴い、材料の在庫管理に多くの課題を抱えるようになっていました。増産による材料の欠品、調達リードタイムの長期化、納期遵守率の低下、倉庫スペースの不足などです。

そこで材料のVMI管理を導入する案が社内で持ち上がりました。VMIとはVender Managed Inventoryの略で、ベンダー管理在庫のことです。この方式では、顧客企業からサプライヤーへ発注をするのではなく、サプライヤー側で顧客企業の在庫に責任をもつことになります。

顧客企業のメリットは、必要なときに必要な部品が利用でき、利用したタイミングで在庫資産となるため、不要な在庫を保持する必要がなくなる点です。サプライヤー側のメリットは、常時部品の手配に必要な情報を顧客企業から得られることで、欠品リスクなどがなくなる点です。

また、サプライヤー側は顧客の現状在庫や生産計画を見ながら、過不足なく在庫を補充すればよいので、部品在庫の余剰分を押しつけられない点も魅力です。

同社では材料をＶＭＩで管理する方針が固まり、すぐに在庫管理システムの検討に入りました。ＶＭＩでは、顧客側が発注をしない代わりに、サプライヤー側が顧客の在庫の補充に責任をもてるよう、現状の在庫と補充点をサプライヤーに情報提供する必要があります。

工場の生産計画や在庫量を常にサプライヤー側と共有できる仕組みが構築できることを前提として初めて成り立つ方式です。

同社の担当者は、ＶＭＩ管理を実現するための在庫管理システムの導入を一任されました。まずは在庫数を正確に管理・把握できるシステムを第一条件として、自社の要求を満たせる在庫管理システムを探し始めたのです。

世の中にパッケージ型のＷＭＳは数多く存在します。古くからあるシステム、最近開発されたシステムなど、値段も特徴もさまざまです。導入すべきシステムを検討していくなかで、私の会社のセミスクラッチ型ＷＭＳ「インターストック」が目に留まりました。

今回のＷＭＳの導入で同社が求める必須の機能条件が2つありました。1つはフリーロケーション管理に対応していること、もう1つはロットの先入れ先出し管理ができることです。インターストックはいずれも標準機能で搭載していたため、すぐに導入が決まりました。

担当者は、地元のシステムベンダーによるスクラッチ開発、自社による開発も検討しましたが、ＶＭＩ管理の導入を急ぎたかったため、導入までのリードタイムを考慮して最終的にインターストックの導入を決断しました。

ＶＭＩ管理を行ううえで足りない機能はカスタマイズによる追加が可能であった点も、インターストック導入の大きな決め手となりました。

機能面だけではなく、予算も重要な選定条件でした。当初、担当者にはＷＭＳの導入にどれくらいの予算がかかるのか見当もつかなかったため、予算額は決まっていませんでした。しかし、できるだけ安価で導入したいという思いは漠然とありました。

実際に私の会社が最初に訪問した際には、「50万円くらいで導入できれば……」との希望でした。その希望は叶わなかったものの、インターストックは他社と比較しても、カスタマイズを含めた総額が比較的安価であったのも選定された理由の一つでした。

これでＶＭＩ管理を実現するためのＷＭＳ導入の方向性が決まりました。

担当者がＷＭＳの機能で、特にこだわったのが「材料の使用情報」「在庫情報を日々自動でサプライヤーへ送信する仕組み」です。この機能がないと日々人の手でデータを整理、集計して全サプライヤーへメールしなければならず、作業が煩雑になります。また集計、送信がアナログ作業では信頼性が乏しく、サプライヤーに快諾を得られないことも懸念されました。

データの信頼性、システムの信頼性がＶＭＩ管理を成功させるうえで最も重要なポイントです。

この機能はインターストックにカスタマイズを加えることで対応できました。毎日定刻になると自動で全サプライヤーにその日の材料の使用情報、最終の在庫情報が送信される仕組みができました（次ページ図参照）。

この機能によって、同社では作業者1名が少しの時間で、全サプライヤーへの材料手配を完結できるようになりました。在庫精度も格段に向上し、在庫の差異率はほぼ0％です。ロットによる先入れ先出しも熟練の作業者でなくても、間違いなく作業ができる仕組みになっています。

▶VMI倉庫管理イメージ

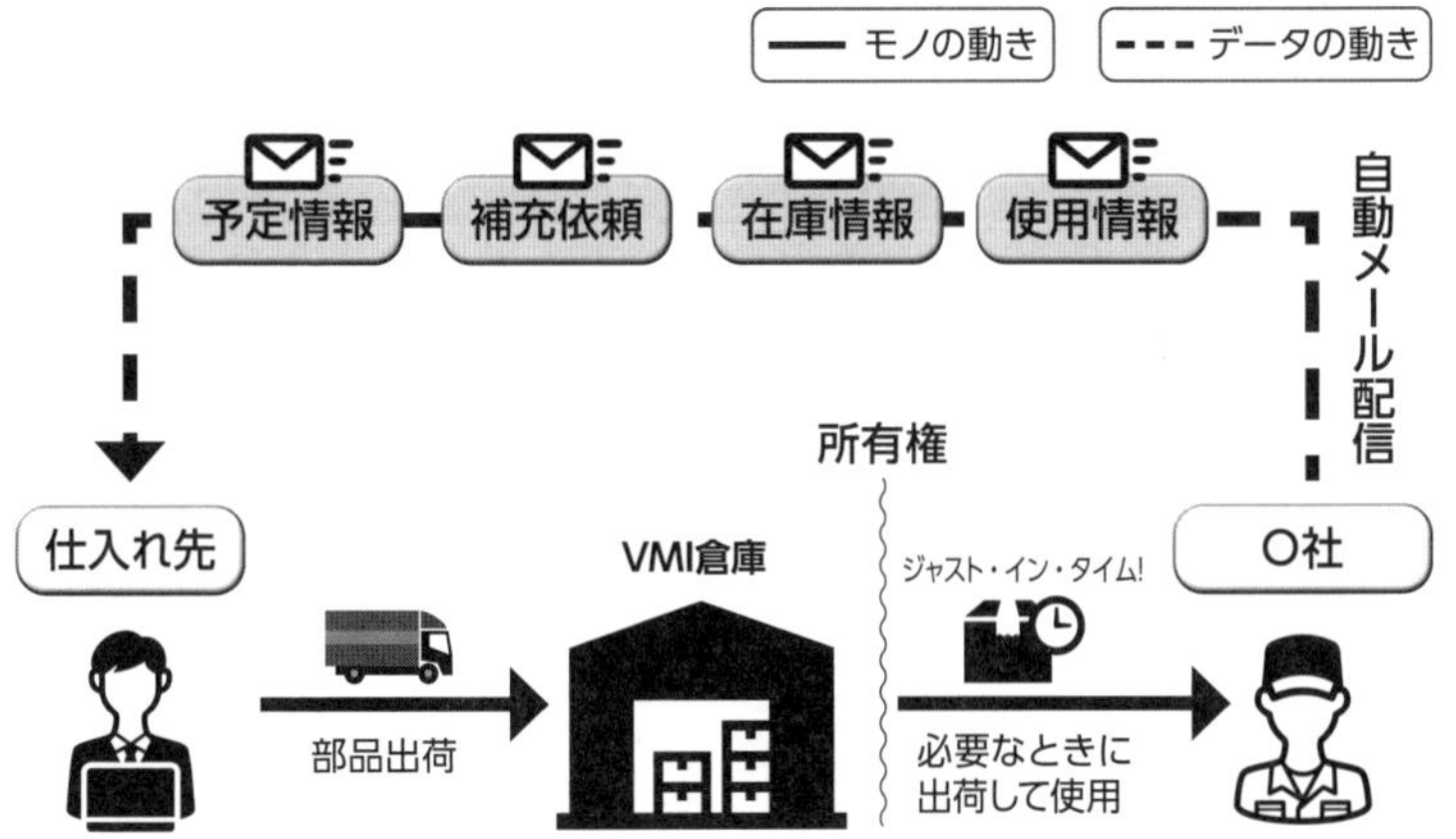

さらにこれまでは11日から最大45日かかっていた材料の調達リードタイムが1日以内に大幅短縮されました。これによって、同社の顧客に対する納品順守率も飛躍的に向上しました。

加えて材料を必要なときにVMI倉庫から出庫し、そのタイミングで同社の資産となるため、キャッシュフローも大幅に改善したのです。

システム導入当初は、本社工場をVMI倉庫として運用していましたが、現在はY社の倉庫を80坪借りて、運用も完全アウトソースしています。この倉庫では輸出にも対応しているため、国内向けも輸出向けも同一倉庫で出荷作業ができるようになりました。

Y社の現場担当者は頻繁に入れ替わりがあ

り、これまでにもすでに4人変更になっています。それでも問題はありません。
「運用がシンプルに設計されているため、数日の引き継ぎ作業で在庫管理システムを使いこなせるようになります」と担当者は胸を張ります。

VMI管理を検討する企業は少なくありませんが、なかなか思うように実現しません。その理由は、サプライヤーの協力が前提になるからです。

同社もVMI管理の相談をサプライヤーへ持ち掛けた当初は、あまりいい返事は得られなかったそうです。材料を使用した分だけ請求が発生する仕組みは、キャッシュフローの点でサプライヤーがリスクを抱えることになるからです。

しかし、同社は諦めることなく各サプライヤー一社一社を訪問し、丁寧にお互いのメリットを説明しました。担当者が分かりやすくまとめた提案書を作成し、システムベンダーの私の会社も同伴してシステムの信頼性や透明性を訴えました。
「このVMI在庫管理システムによって、しっかりと在庫を管理するので、どうぞよろしくお願いします」と粘り強く交渉を重ねたのです。

同社の熱意が通じ、VMIを依頼したすべてのサプライヤーがVMI管理に同意をしてくれました。このような事例でよくある失敗には、事前の働きかけが十分でないケースが少なくありません。その結果、自社完結型の部分最適システムになってしまいます。

しかし、同社は早い段階からお互いのメリットを分かりやすく伝え、事前準備を怠りませんでした。もちろん、同社がこれまで長年培ってきたサプライヤーとの信頼関係があったからこそ同意を得られたことも忘れてはなりません。

ＶＭＩの失敗事例は少なくありません。大企業が先導して中小企業に対応を働きかけるケースが多く、下請け法に触れるということもあり下火になったこともあります。

しかし同社の場合はまったく逆です。中小企業が大手のサプライヤーにＶＭＩを仕掛けた格好になりました。結果的に、同社の事業は急成長し、取り引き量も増え協力してくれた各サプライヤーにもビジネスで還元できています。

インターストックを導入しＶＭＩという他社にあまりない仕組みを運用することで、他社との差別化が図られ、取り引き先の信頼も獲得し、業界での存在感が増しました。

またこのＶＭＩ導入の成功が下地となり、さらなる物流改善に取り組んでいます。中小企業が大手サプライヤーを巻き込んだウィンウィンのサプライチェーン改革の好例といえるでしょう。

同社はＷＭＳ以外にもＩＴ活用にチャレンジしています。

同社の生産工程管理システムは、工程を許可された作業者でなければログインして作業できない仕組みになっています。

生産計画表が各工程に設置された画面に表示されます。注文情報も表示され、作業者は数量や納期を確認できます。画面の左上には作業ログが表示され、作業時間も計測しています。また、画面には、その工程で注意が必要なポイントが自動表示されます。画面はスマートフォンと同じ感覚で操作が可能です。そのほかにも痒いところに手が届くさまざまな機能があります。材料の写真を確認したり、図面を表示することもできます。

ほかにはウェアラブルデバイスを活用した「問い合わせ管理システム」です。これは製造工程で発生した仕様確認や不具合を、担当者に伝える手間をなくすためのシステムです。

例えば現場で不具合が発生した際に、作業者は専用のブロックを任意の面を上にして倒します。するとその面の内容によって、担当者のリストバンドに通知が届きます。これによって連絡漏れや対応漏れがなくなり、ムダな工程巡回をなくすことができるといいます。

もともと飲食店向けに開発されたシステムを製造業向けにカスタマイズして導入した面白い事例です。

非常にシンプルですが、担当者のアイディアから生まれた面白い仕組みです。今後も考え方や発想をどんどん変え、ＩＴ化にも力を入れていくそうです。同社社長は「そうした風土、文化を大切にして、さまざまなチャレンジをしていきたい」と言います。

ABC分析で部品の納入リードタイムを短縮

プリンターメーカーのE社は精密加工や組み立てをコア技術として、業務用小型プリンターを製造販売しています。国内に3つの製造拠点と4つの営業所があります。同社は、約3年前に基幹システムを刷新し、そのタイミングで従来の月次計画を週次計画にシフトさせました。

しかし、計画業務が週内に完結せず、全社の在庫日数も60日から70日に増えていました。社長は、各部門のトップを集めた会議の席で、在庫最適化の協力を改めて要請しました。会議では在庫最適化プロジェクトの発足が決定し、その構想を以下のように定義しました。

〈目的〉

・在庫機能を明確にしたうえで、「在庫最適化」のための購買、生産、販売を最適に計画する手法を確立する

〈目標〉

・全社の部品在庫日数を70日⇩60日に削減

・週次計画業務の週内完結

〈方針〉

・需給計画部門の計画業務を効率化し、可視化と自動化による戦略的業務へのシフトを図る

〈解決すべき3つの課題〉

・部品在庫が適正でない
・購買、生産、販売で調整業務が多発している
・週次計画が正常に機能していない

社長はプロジェクトを成功させるために、製造業の在庫改善を得意とするC社に協力を依頼することにしました。C社は製造業の在庫最適化のためのシステムとコンサルティングノウハウを融合した「プロジェクト型の導入支援サービス」を提供しており、全国的に成功事例を増やしている企業です。

C社のコンサルティングチームの担当者はまず、ロジックツリーによる問題定義と原因分析に取り掛かりました（次ページ図参照）。

3つの課題のうち、「部品在庫が適正でない」問題に対して、大きく2つの原因が挙が

▶ロジックツリーによる問題定義と原因分析

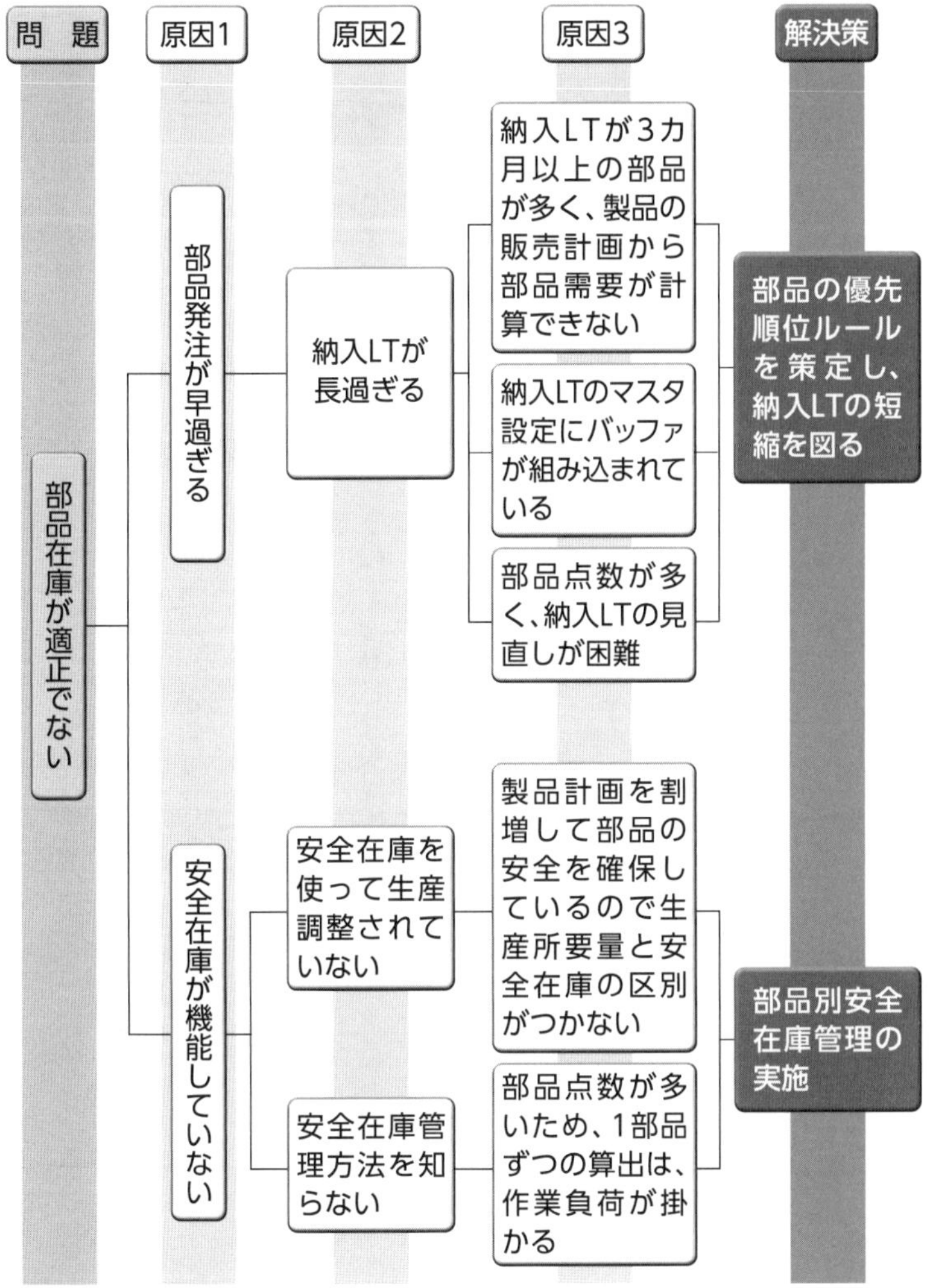

りました。１つは「部品の発注タイミングが必要タイミングより早過ぎる」、もう１つは「安全在庫がうまく機能していない」でした。さらにツリーを展開していくと、部品の発注タイミングが早過ぎるのは、納入リードタイムが長過ぎるためだと分かりました。

また納入リードタイムに「根拠のないバッファが組み込まれている」「部品点数が多過ぎて見直しが困難」との課題も見えてきました。

そこで購入部品の納入リードタイムを効率的に短縮、または見直しを行えるように「消費金額」および「予定納入日数」の切り口でＡＢＣ分析を行うことにしました。そのうえでリードタイムが「長期」かつ「消費金額の高い」部品を優先的に見直す方針を立てました。

「安全在庫が機能していない」との問題では、２つの原因が挙がりました。１つは「安全在庫を使って生産調整されていない」、もう１つは「安全在庫の論理的な管理方法を知らない」というものでした。

Ｅ社では製品計画をあらかじめ割り増し計算して、部品の安全在庫を確保させる方法を取っていました。この方法では、実際の生産に必要な量と安全在庫の区別がつかないため、部品別に安全在庫をメンテナンスさせることが仕組み上不可能でした。

また、安全在庫の論理的な管理手法も周知されておらず、部品点数も膨大なので、人的に1点ずつ安全在庫数をメンテナンス、管理することはほぼ不可能でした。

この課題には、製品の生産計画を割り増して部品のバッファ在庫をもたせていた方法から、納入リードタイムと消費金額の切り口から安全在庫数量をなるべく工数を掛けずに算出する仕組みを導入するという方針を立てました。

納入リードタイムが長ければ、それだけ生産変動への柔軟性が失われます。

例えば納入リードタイムが45日の部品の場合、使用予定が45日後であれば、当日に発注をしなければなりません。しかし納入リードタイムが15日であれば、30日後に発注すればいいことになります。リードタイムが短ければ短いほど使用予定日に引きつけて発注ができるので、欠品を減少させつつ、不要な発注の抑制をしやすくなります。

しかし、それは常識的なことでE社の社長も十分に理解しています。納入リードタイムを短縮するには、部品単位で仕入れ先とのリードタイム交渉が必要になります。E社の購入部品点数は1万点以上に及ぶため、この方法は不可能だと考えていたのです。

そこでC社の担当者は、納入リードタイム短縮のターゲット選定をすることを提案しました。直近3カ月の消費金額と納入リードタイムのABC分析でマトリクスを作成し、優先的にリードタイム短縮を図る部品を絞り込んだのです。

これにより、1万点以上ある全品目数のうち、Aゾーンの300品目（全体の3％）を対象にすることにしました。金額的には6割に及びますのでインパクトがあります。まずはこの300品目を仕入れ先別に分類し、納入リードタイムの再検討、見直しを行うことにしました。

E社はこれまで親品目の生産計画に割り増し計画を入力し、一律に部品の需要を増加させて部品在庫の欠品を抑制していました。この方法は管理工数の面からはメリットがありますが、部品ごとに必要量と安全在庫の区別ができないので、在庫適正化の点ではデメリットがありました。

そこで、C社の担当者は部品の安全在庫管理を親品目による一律の計画割り増しの手法から、部品別安全在庫管理へと移行する提案をしました。親品目の需要による必要量と部品の安全在庫を区別し、親品目の需要に対して、部品ごとの安全在庫で欠品を抑制する仕組みを構築することにしたのです。

まず、部品ごとに安全在庫数量を自動算出するシステムを導入し、必要な安全在庫基準をパラメータとしてシステムに設定しました。安全在庫基準の決め方は、リードタイムと消費金額を切り口にします。

納入リードタイムが長い部品は在庫を多くもちます。また消費金額が高く在庫インパクト

▶消費金額と納入リードタイムのABC分析

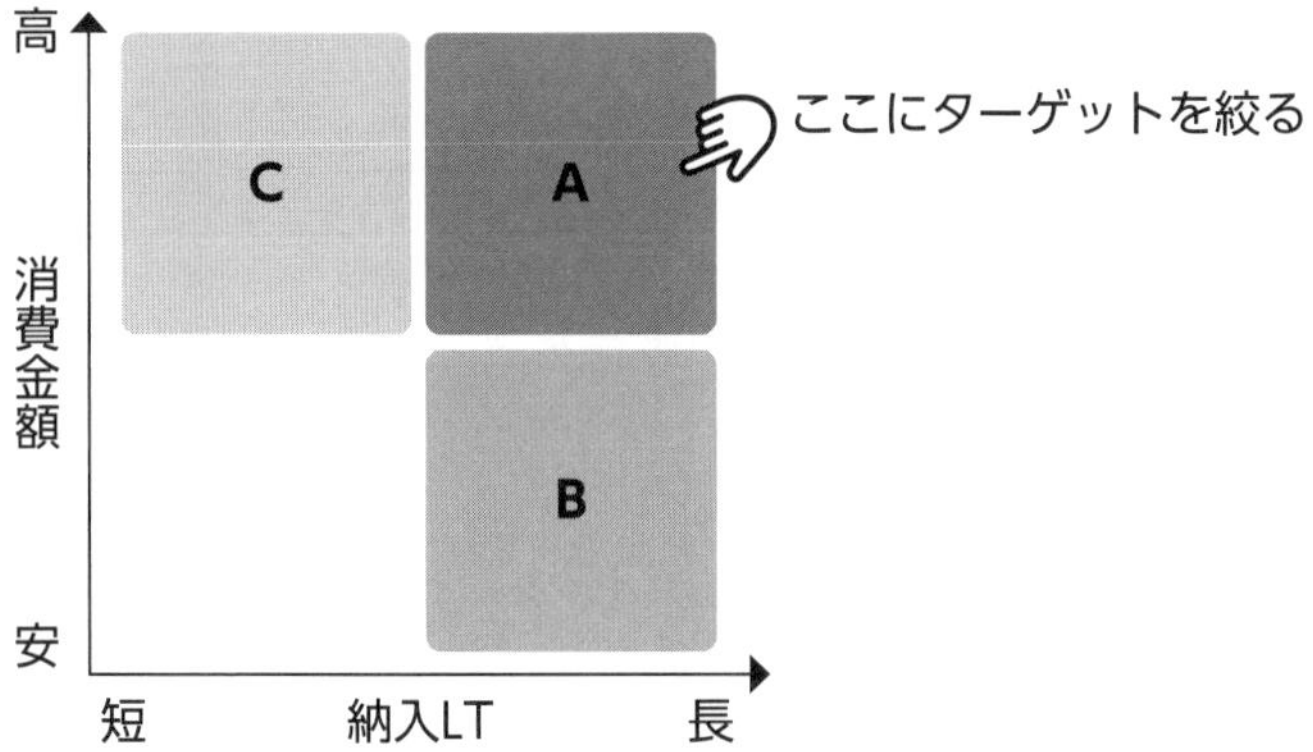

の大きい部品はなるべく在庫を少なくもつようにします。

この仕組みの導入によって、不要な調整業務を抑制し、不要な発注による在庫過多も防止し、欠品件数も抑制することに成功しました。

全社在庫は目標の60日よりもさらに少ない53日まで削減され、週次計画業務の週内完結も達成されました。

E社の成功はトップダウンによる意思決定と、問題を明確にして改善施策を立て、PDCAを回しながら全員が改善意識をもって動けたことによるものでした。また新たなシステムの導入により業務整理ができ、業務とシステムの関連性も明確になったことで、定期的な改善活動が現場の仕組みとして定着したことも大きな成果として表れました。

製造業の物流改善ポイント

物流の改善ポイントは扱う製品によって大きく異なります。ここでは、特に物流改善が必要な製造業と流通・小売り業のポイントを紹介していきます。

世界の戦史を眺めると、戦いに敗れ滅んだ国や軍は、ロジスティクスを軽視していたことが分かります。日本軍も同じです。かつての日本陸軍にロジスティクスの重要性を説いたのはドイツ陸軍の至宝とまでいわれた参謀将校メッケル少佐でした。

メッケル少佐は明治18年に陸軍大学校の教官として招かれました。メッケル少佐は、日本が戦力を発揮できるのは大陸であるとして、大陸に兵を送った際の「補給」「後方」「兵《へい》站《たん》」という概念を提案しました。

太平洋戦争時のガダルカナル戦、インパール戦の作戦を指導した日本軍の司令組織はその教えを忘れてしまったのか、補給線を軽視した無謀な作戦により、歴史的敗北を喫したのです。

亡くなった多くの兵士は木の葉や草、水苔を食べて飢えを凌ぎ、戦うことなく餓死してしまいました。

歴史上の名将たちは、ロジスティクスを重視し、補給線の確保を第一に考えました。孫子の言葉にも「軍に輜重《しちょう》無ければ則ち亡び、糧食無ければ則ち亡び、委積《いし》無ければ則ち亡ぶ」とあります。

一般企業のビジネスも同じです。派手な研究開発やマーケティングにばかり目を奪われ、地味なビジネスの基本を軽視した日本の製造業は痛いしっぺ返しを受けることになってしまいました。

国内の製造業を取り巻く事業環境は、世界経済の不透明さによる為替変動やエネルギーコスト上昇など大きな課題を抱えています。また、働き方改革に伴う労働規制で人手不足は深刻さを増す一方、消費行動は多様化しています。

さらに、グローバル化が進み、低価格化への対応も必須となりトータルコスト削減が急務の課題となっています。しかし、多くの中堅企業では、物流の見える化が行われていないため、輸送の実態が把握されていません。不効率が発生していても気づくことができないのです。

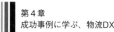

製造業が輸送改善に本気で取り組めば、物流コストを15％～30％削減することは難しくありません。

工場にはサプライヤーから調達された多くの部品や材料が届きます。それを利用して製品をつくり、再び国内外の多くの場所へ出て行きます。小売り業や卸売り業と違って、数多くの種類の製品が工場を通過していくため、他業界に比べて輸送の見える化が非常に重要になってくるのです。

また多くの資材や部品の調達、協力工場への半製品の部品支給、協力工場から半製品を受け入れるなど荷姿や出入り口が多岐にわたります。その結果、数多くの輸送のムダが潜んでいる可能性があります。

私の会社は多くの製造業にＷＭＳや在庫管理システムのパッケージ導入の支援をしていますが、カスタマイズの量が多くなるのは圧倒的に製造業です。

それだけ物流が複雑になっているのでしょう。

そこでモノの動きを見える化することが重要になるのです。前述のように製造業ではさまざまな荷姿で数多くの取り引き先に対して物流が発生するため、まずは「どこからどこへ」「どれだけの量」の物流が発生しているのかを把握することが重要です。

また近年ではグローバル化が進み、中堅企業の製造業でも、部品や資材などをグローバル調達することが増えています。グローバルな調達物流では、海外から日本へ、日本から工場へと輸送がより複雑になるので、その部分の見える化ができていなければ、多くのムダなコストが発生します。残念なことに多くの製造業では、この部分の実態が把握されていません。

私の感覚値では輸送を見える化する仕組みを導入している製造業は全体の10%にも満たないでしょう。逆に考えれば、それだけ日本の製造業にはまだまだ改善のチャンスが潜んでいるということです。

輸送を数値で見える化する

輸送の見える化に取り組む際には、まずは輸送効率を数値でしっかりと把握することから始めます。そのためには、次の3つの数値を把握できる仕組みをつくらなければなりません。

1　積載率
2　トラック実働率
3　トラック実車率

「積載率」は企業の輸送効率を測るうえで最重要の項目となります。積載率は3つに細かく分類されます。「トラック積載率」「パレット積載率」「カートン積載率」です。

パレットやカートン単位での積載率の数値化は少しハードルが高いので、まずはトラック

▶輸送を数値で見える化

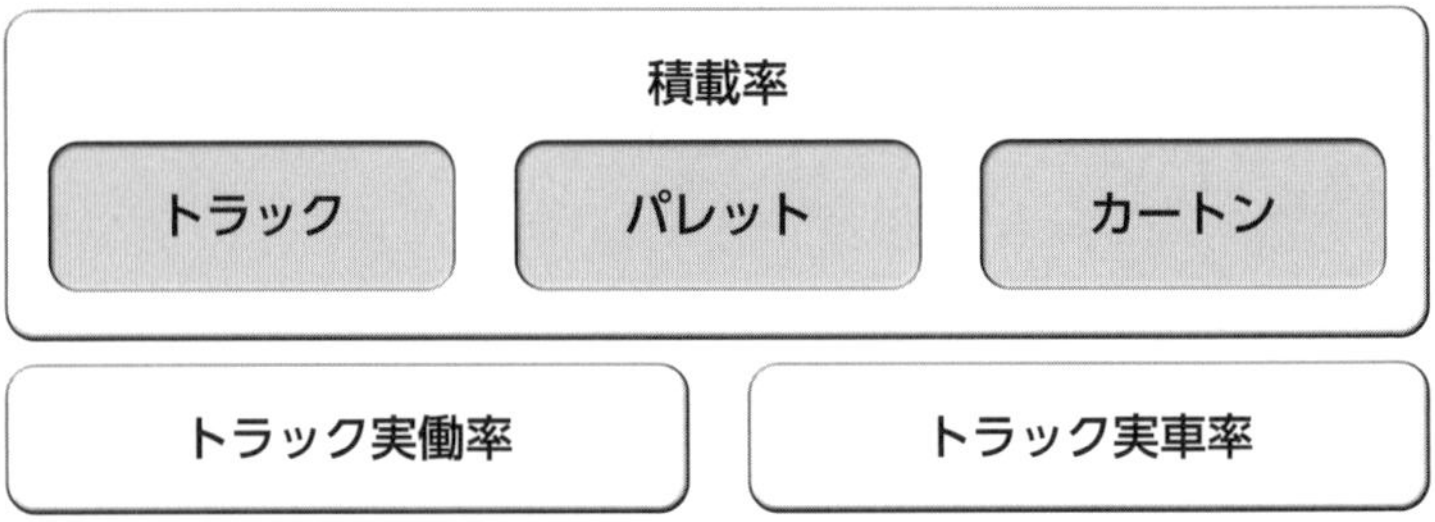

単位での積載率から挑戦しましょう。

物流現場の担当者も「今日のトラックの積載率は大体80%だな」という感覚で判断しています。それをしっかりと数値化するには積載する荷物の容積をマスタ化しなければなりません。

パレット単位の積載率もチェックできるようになると、これまで見えてこなかった課題が浮き彫りになります。一見、効率よく見えるパレットでも、上から見てみると多くのムダなスペースがあります。

さらにレベルを上げるなら、カートン（箱）単位の積載率も管理しましょう。ここまで数値管理できると、多くの不効率を発見することが可能になります。トラックは空気を運んでも何の利益も生みません。

積載率を数値で常にチェックすることで、トラックと荷姿モジュールの相性などの問題点が見えるようになり

▶「積載率」の効率化に向け、ムダなスペースの洗い出し

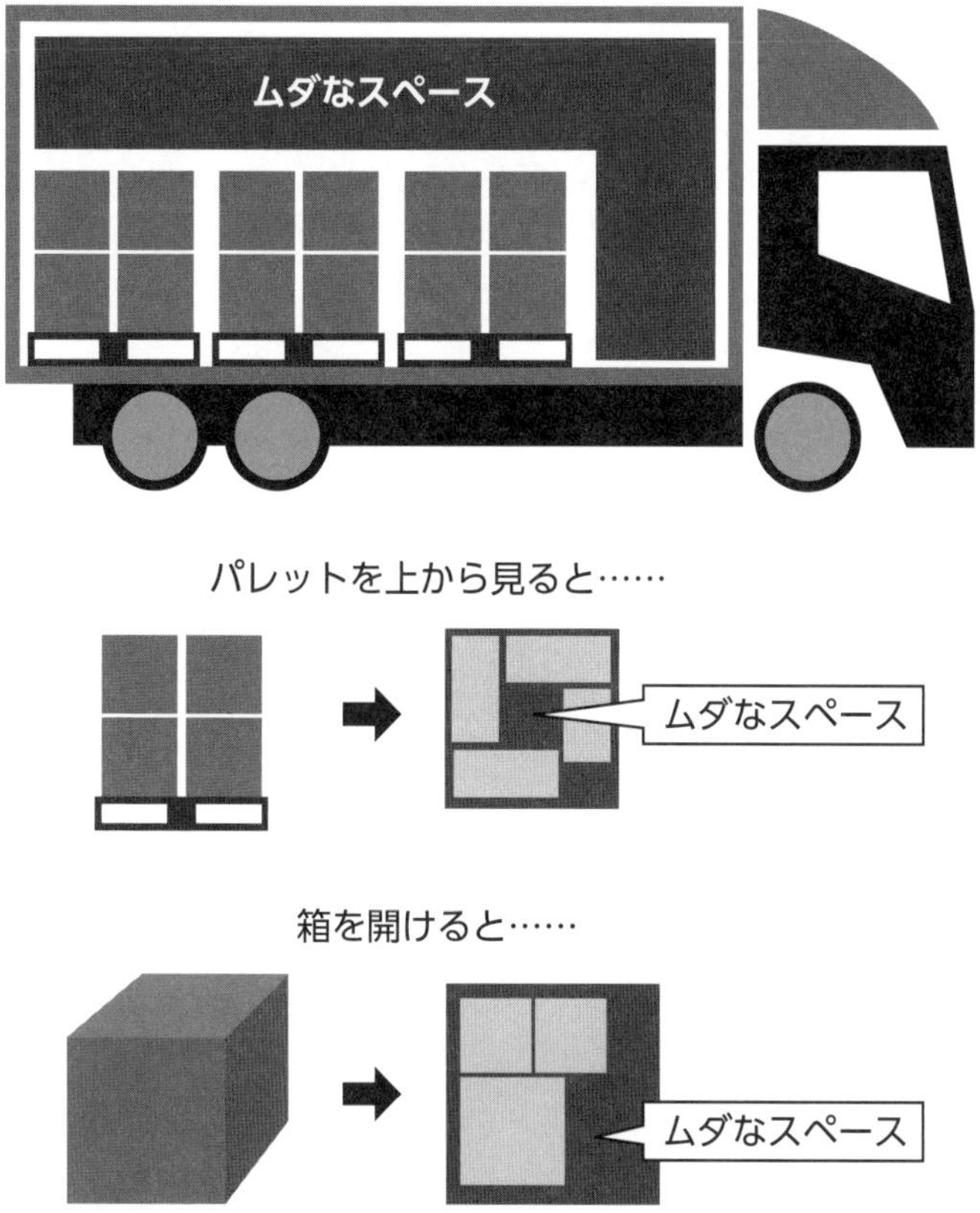

ます。それを改善することで、積載率が向上し、輸送コストはあっという間に2桁は改善できるのです。

トラック実働率を数値で見える化する

深刻なドライバー不足の対策として、国土交通省は企業にトラック以外の輸送手段となる鉄道や船に運送方法を切り替える「モーダルシフト」を積極的に呼び掛けています。これまでもモーダルシフトの重要性は叫ばれてきましたが、思うようには進みませんでした。

しかし、ここ1、2年で流れが変わりつつあるように感じます。モーダルシフトには主に次のようなメリットがあります。

1　CO_2排出量の抑制
2　幹線道路の渋滞緩和
3　ドライバーの長距離、長時間運転の減少
4　交通事故のリスク減少

これまではCO_2排出量の抑制などによる環境対策が注目されていましたが、最近はトラックドライバー不足やトラック輸送の送料値上げへの対策が背景となって、注目を集めるようになっています。

ただし、ある程度の荷量や距離がないと、船や鉄道にシフトしても逆にコスト高となるので、モーダルシフトによって効果が得られる企業はまだまだ少ないのが実状です。その意味でもトラック輸送の効率を高めることは重要です。

前項では輸送を見える化するために「積載率」について紹介しましたが、「トラック実働率」と「トラック実車率」を見える化することも重要です。

製造業では工場の設備（資源）による稼働率や生産効率を日々数値化してチェックすることで、資源の生産性の向上に努めています。

工場では設備が稼働している時間で生産性が決まります。トラックは荷物を積んで走っている時間で生産性が決まります。つまり、工場の設備もトラックもどれだけ停止時間を少なくできるかが大事です。

トラックの生産性を表す指標が「トラック実働率」です。実働率とは、保有する車両の運行可能な総日数に対して、実際に稼働した総日数の割合です。保有するトラックがどれだけ有効活用されているかを示します。実働率は165ページの図のように計算します。

▶トラック輸送とモーダルシフトの流れ

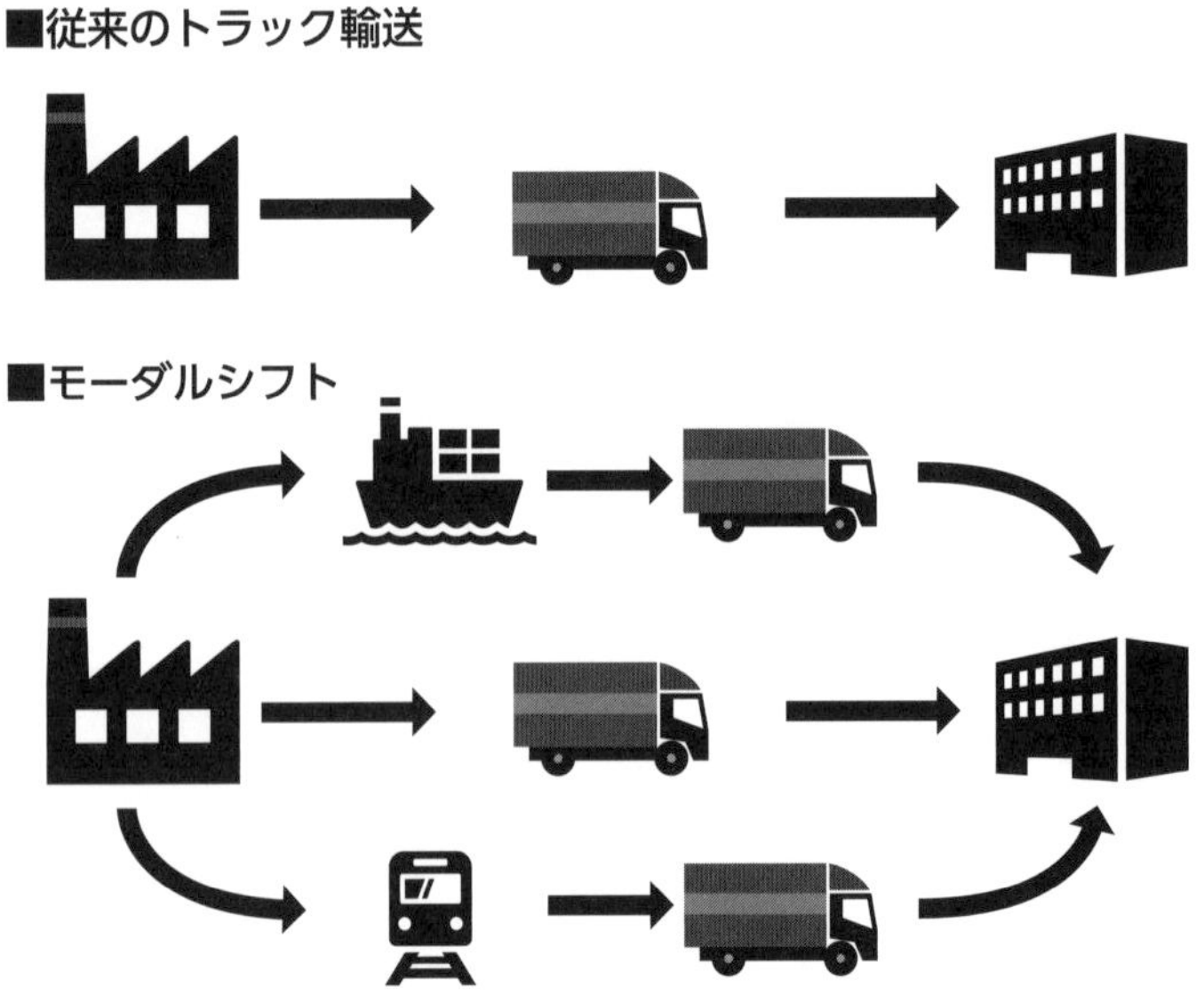

「延べ実在車両数（日車）」とは、自社が保有するトラックの実在車両数です。ここでは仮に集計期間を1カ月間とします。自社の稼働日が22日で、保有車両が15台であれば、「延べ実在車両数（日車）」は22日×15台で330台です。

それに対して「延べ実働車両数（日車）」は、貨物を載せて走行した車両数です。1カ月間の運行日報を確認し、実際に貨物を載せて走行した車両数を計算します。仮に「延べ実働車両数（日車）」が264台であれば、実働率は80％です。

▶トラック実働率の求め方

$$\text{実働率（\%）} = \frac{\text{延べ実働車両数（日車）}}{\text{延べ実在車両数（日車）}} \times 100$$

$$\text{80\%} = \frac{\text{264台}}{\text{330台}} \times 100$$

次に「トラック実車率」です。実車率は保有する車両の走行キロ数のうち、実際に貨物を積んで走行したキロ数の割合です。実車率を見える化することで、付加価値を生まない走行実態を把握し、運行ルートや荷主企業の組み合わせ等を検討することが可能になります。実車率の計算方法は次ページの図のとおりです。

「総走行キロ数（km）」は貨物を載せていないときも含めた総走行キロです。それ対して「実車キロ数（km）」は貨物を載せて走行した実車走行キロです。どちらの数字も営業所にある運行日報から拾える数字です。

例えば自社の全車両におけるひと月の総走行キロ8万kmに対して、実際に貨物を載せて走行した距離が5万8000kmであった場合の実車率は72・5％です。

輸送の効率化とは、同じ物量に対し輸送時間の短縮や費用の低減を行うことです。そのためには車両1台あたりの輸送量の向上を図る必要があります。輸送を数値で見える化する

▶トラック実車率の求め方

$$\text{実車率（\%）} = \frac{\text{実車キロ数（km）}}{\text{総走行キロ数（km）}} \times 100$$

$$72.5\% = \frac{58{,}000\text{km}}{80{,}000\text{km}} \times 100$$

ことで、運賃削減、コスト削減を実現することが可能になります。製造業の輸送はムリやムダが多く潜んでいます。これはほかの業種の比ではありません。

多様化した消費者ニーズをつかむ物流戦略

昭和30年代、日本は戦後復興から高度経済成長に向かって歩み始めました。しかし、一般庶民の暮らしは決して豊かとはいえませんでした。ダイエー創業者である中内氏は、この高度経済成長下の時代において、次々に新しい業態を開発し、流通業界を牽引しました。

「これからは消費者がメーカーの価格を決めなあかん」

昭和32（1957）年9月、当時30代半ばの中内氏は自身のこの言葉を実現するため、京阪電気鉄道千林駅前（大阪市）に「主婦の店・ダイエー薬局」をオープンしました。30坪ほどの小さな店内には定価の3〜4割引きの商品が並べられ、お店の名称のとおり主婦が殺到しました。

その後、ダイエーは「価格破壊」と呼ばれる安売り路線へと突き進んでいきます。日本の流通・小売り業界はダイエーを筆頭にイトーヨーカ堂、西友などが大量生産、大量販売で安売りを武器に次々にチェーン展開を進めていきました。

やがて、価格決定権はメーカー側ではなく小売り側が握るようになり、定価販売というこれまでの常識が崩れていったのです。

これが「第一次流通革命」です。その後、1980年代の後半になると規制緩和等の影響もあり、企業間の価格競争はますます激しさを増していきました。そのようななかでバブルが崩壊し国内経済は低迷期を迎えます。

バブル崩壊による深刻な不況に陥った国内の消費は激しく落ち込み、安売りを武器とした従来の競争原理では生き残れない時代に突入しました。

また、この時期には消費者のライフスタイルも大きく変化しており、ダイエーなど大型化したスーパーよりも、消費者の利便性に近づく小さな規模の小売り店が求められるようになっていったのです。

年中無休24時間の営業で幅広い生活用品を陳列したコンビニエンスストアは、セブン-イレブンを筆頭に急速に浸透していきました。狭い店舗でも、POS（ポイントオブセー

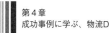

ルス）レジでデータを収集・分析し店舗近隣の消費者が求めている商品を効率よく陳列するビジネスモデルは、情報技術を本格的にビジネスに活かす先駆けとなりました。これが「第二次流通革命」です。

そして今、人口が年々減少していく国内では、消費者行動の変化にとても敏感にならなくてはいけません。所得の違い、生活価値観の違い、ライフスタイルの違いは年々多様化しており、多くの経営者の頭を悩ませています。

多様化する消費者のニーズに対応できなくなった百貨店などの売上は、前年度割れになっています。

ニーズが多様化した消費者は、多くの品ぞろえを一カ所に集めた大型店ではなく、自分が欲しい物をいつでも気軽に買い物できるＥＣの専門店に流れています。衣類であればＺＯＺＯＴＯＷＮ、書籍であればアマゾンといった具合です。今日の消費者は価格よりも「利便性」を重視する傾向にあります。

電車やバスに揺られて店舗に向かい、欲しい商品を探して広い店内を回るというこれまでのショッピングの醍醐味が、「利便性」を重視する消費者にとっては、ただの面倒な作業になりつつあるのです。

このようにリアル店舗だけでは、流通・小売り業界の今後の将来性が危ぶまれるということから、日本でもコンビニ、百貨店をはじめ多くの小売り業者がオムニチャネルへの取り組みを検討しています。

日本の流通業界が目まぐるしく変わっていくなか、既存の流通・小売り企業が今後取り組むべき物流戦略は①エブリディ・ロー・プライス、②都市部に配送拠点を設置、③生活スタイルに合わせた配送形態の3つに大別できます。

「エブリディ・ロー・プライス（EDLP）」は物流戦略というよりも販売戦略として有名なので、物流と何の関係があるのか？と疑問に思うかもしれません。しかし、流通・小売り業が今後オムニチャネル化を進めるうえでこのEDLP戦略は重要な選択肢の一つとなります。

この販売戦略で世界的に有名なのはウォルマートです。EDLPとは、「毎日が特売」を意味します。日本では多くの小売り業が特売品を目玉商品として集客する「ハイ&ロー価格戦略」を取っています。

EDLPの場合、特売時に発生するチラシの作成・値札の貼り替え・特売に伴う売り場の変更の手間などが不要となり、ローコストオペレーションが可能になります。

また、物流視点で見ても、価格変動がないため、商品単位の需要予測の精度が向上し、物量の安定が可能になります。日々商品の値段が変わる「ハイ&ロー価格戦略」の場合、発注や配車にもムダが発生しやすくなります。

今後、流通・小売り業者がリアル店舗だけでなく、ECに進出しオムニチャネル化を進めていくうえでは、いかに需要予測精度を高めて、物量を安定させるかが重要になります。

EC業界の巨人アマゾンは、流通・小売り業界のほとんどの顧客を囲い込んでしまうのではないかと思われるほどに拡大しています。

アマゾンは巨大物流センターだけに頼って全国に配送をしているわけではありません。コンパクトな配送拠点を都市部に数多くもっています。これはアマゾンがプライム会員向けに提供している「プライム・ナウ」の配送にかかる時間を極限まで短くするためです。都心の駅前徒歩5分の立地に通常の倉庫よりもはるかに小さい倉庫を設置しています。

コンパクトな配送拠点を都市部に設けることで需要予測精度を向上させることができます。コンパクトな拠点だからこそ、限られた商圏に対して厳密な需要予測を立て、メリハリをつけた在庫管理が可能になります。

これは前述のコンビニエンスストアの戦略に近いものです。リアル店舗を保有する小売り業がオムニチャネル化を行う最初の段階では、既存店舗を配送拠点にする方法もあります。しかし、この方法ではピッキング作業などの倉庫内業務が効率化されないため、オーダーが増えるとすぐに破綻してしまいます。

大型ではなくても、小型の配送拠点を設置し、その商圏でニーズの高い商品を在庫し、そこから配送、またはそこで顧客が好きな時間に受け取れるようにすれば、多様なニーズに対応可能になります。

今後、流通・小売り業には消費者の生活スタイルに合わせた配送形態が求められます。当日・翌日の配送、日時指定配送を利用できるのはもはや当たり前となりつつあります。食品や日用品を好きな組み合わせで1箱にまとめて配送したり、最寄りのコンビニエンスストアや駅で24時間好きなときに受け取れるようなサービスも広がりつつあります。これだけ注文、配送方法が多様になれば、物流拠点に掛かる負担は大きくなります。だからこそ、倉庫内作業を効率化する技術開発に投資を積極的に行う必要があります。

これからは利便性重視の消費者が増えていきますから、ショッピングの利便性を高めれば高めるほど、その店舗を利用する消費者が増えることは間違いないのです。

「これからは消費者が自身の生活スタイルに合わせて商品を受け取らなあかん」

ダイエー創業者の中内氏がご存命であれば、これからの流通・小売り業に求められる物流戦略にこう助言してくれることでしょう。量販体制を支えた第一次流通革命、そして第二次流通革命から時代は変わり、流通・小売り業界は今第三次流通革命に突入しようとしています。情報技術を駆使し、消費者個人の多様なニーズに柔軟に対応できるような、そうした流通のあり方が迫られています。

流通・小売り業は、物流を最重要視しなければ販売機会損失が頻発し、売上を落とし、坪効率が低下し、店舗収支が合わずに赤字となります。流通・小売り業ＩＴ化の歴史について調べると、ＰＯＳシステムによる購買データを本部で蓄積し、店舗の売上数値をＳＫＵ単位で把握することで経営効率を最大化し、チェーンストアマネジメントを成功させる手段としてＩＴの利用が広まりました。

ネット販売が主流になることで、「24時間開いている坪効率無限大の店舗」が可能になりました。ネット販売専門の小売り店にとっては、坪効率という考え方は用いられませんが、流通・小売り業においてはこの坪効率で店舗収益を把握します。成功している小売りチェーンは間違いなく物流を最重要視しています。坪効率を最大化するために物流コストを最重要視しているのです。

ウォルマートのＣＥＯはロジスティクスの専門家だというのは有名な話です。アマゾンのＣＥＯもウォルマートのロジスティクスを参考にしたというのも有名です。流通・小売り業において、物流を重要視することで得られるメリットは６つあります。

１　欠品を減らせる

２　過剰在庫を減らせる

3　棚卸し時間を短縮できる
4　バックヤードを圧縮できる
5　配送コストを削減できる
6　倉庫作業者の人件費を削減できる

逆にいえば、こうしたメリットは物流を重視しなければ得られないといえます。だからこそ、成功している小売りチェーンでは、物流部門の人材教育にも余念がありません。「物流を重要視するためには何から始めればよいのか?」との質問を受けることがあります。その際には「何よりもまず物流コストを計算しましょう」とお伝えしています。

物流に限った話ではありませんが、ビジネスにおける業務を改善・改革するには、まず現状を知るためにコストを把握するところからスタートします。コストを把握するための仕組みが整えば、改善・改革途中でその進捗具合を定点観測でき、軌道修正も可能になります。

大手流通業では当然のように物流コストを把握する仕組みが整っていますが、中小企業の多くでは物流コスト把握のための仕組みがありません。

なぜなら決算書には「物流コスト」という勘定科目は存在しないので、企業としては別

▶物流コストの内訳

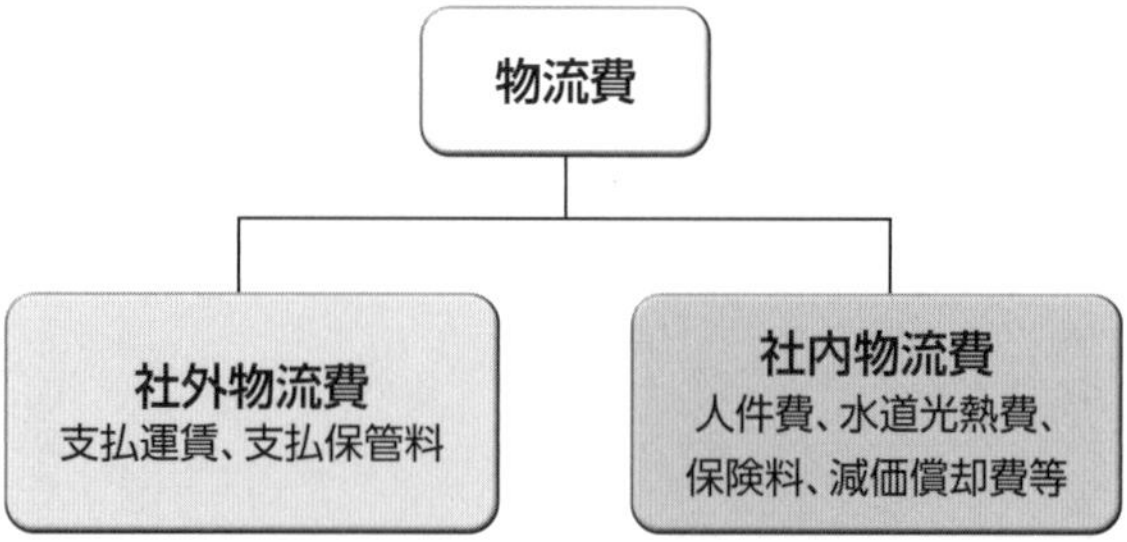

に把握しなくてもいい数字だからです。

また物流という定義が曖昧で会計法にもその定義が明確化されていないので、その算出方法が難解であるというイメージも多くの企業経営者がもっています。

私の感覚では、中小企業の9割は物流コスト把握の仕組みが存在しないと思われます。物流を最重要視するには何よりもまず、企業のトップが物流コストに関心を払う必要があるのです。

物流コストは社外物流費と社内物流費の2つに大別されます。社外物流費とは、輸送や物流センター業務を外部の物流事業者に委託している場合の金額です。これは経理上「外注費」に分類され「支払運賃」や「支払保管料」などで管理されるので、比較的物流コストの把握が容易になります。

一方、社内物流費とは自社で物流業務を行っている場合に発生する費用のことです。倉庫の賃料や保険料、倉庫内作業者の人件費などが社内物流費に該当します。この場合、人件費を例にしても経理上は「給与・賞与」の勘定科目で一括計上されるため、物流に関係する人件費がいくらかは見えないのです。

よって、物流コストを見える化するには、物流専用の「物流会計」と呼ばれる仕組みを導入しなければならないのです。

では、どれくらいの頻度で物流コストを算出すればいいのでしょうか。毎月1回算出するだけでも十分ですが、毎日算出するのが理想です。毎日算出するのに簡単な方法はのちほど紹介します。

そしてPDCAサイクルを回してしっかりと算出結果を次のアクションに移すのです。物流コストを毎日算出できるようになると、物流現場の状況が手に取るように分かるようになります。

得意先や商品の出荷頻度によってどのように物流コストが変動するか、どのような改善施策に効果があったのかといったことが見えるようになるため、物流コスト視点での経営戦略も立てやすくなります。

日々の物流コストを見える化し、それを月次で経営のトップに報告し、経営戦略会議のテーブルに載せるようにしてください。これまで見えなかった課題や改善案が次々に見えてくるようになります。

次ページの図は中小企業庁が作成した「物流コスト算定マニュアル」に掲載されている物流コストの管理項目表です。物流コストの項目が「人件費」「配送費」「保管費」「情報処理費」「その他」に分けられています。

このなかで算出が難しいのが人件費と情報処理費です。算出するには、自社の業務のなかでどこまでが物流なのか線引きをする必要があります。線引きが難しいと感じる場合は、まず自社の物流フロー（モノの流れ）を作成するといいでしょう。

配送費に含まれる「支払運賃」などは実績値をそのまま計上するだけで構いません。保管費や事務所費などは自社で保有している場合でも、周辺の倉庫の坪単価や事務所の賃貸料の相場で計算して計上します。

こうして算出した物流コストをベースに物流コスト比率がモデル企業と比較して高くないか、物流コスト比率が前年と比べて上がっていないか、人件費や配送費がモデル企業や前年と比較してどうかを見ていきます。

ただ、この方法だけでは企業としての経営指標にはなりますが、物流部門の目標設定と

▶物流コストの管理表

項目	費目	支払自家別	計算方法
人件費	① 管理者	自家	推定
	② 一般男子	//	//
	③ 一般女子	//	//
	④ パート・アルバイト	//	実績
	小計		
配送費	⑤ 支払運賃	支払	実績
	⑥ センターフィー	//	//
	⑦ 車輌費	自家	推定
	⑧ 車輌維持費	//	実績
	小計		
保管費（流通加工費含む）	⑨ 支払保管料	支払	実績
	⑩ 支払作業料	//	//
	⑪ 梱包材料費	自家	//
	⑫ 自家倉庫費	//	推定
	⑬ 倉庫内機器費	//	//
	⑭ 在庫金利	//	//
	小計		
情報処理費	⑮ 情報機器費	自家	推定
	⑯ 消耗品費	//	//
	⑰ 通信費	//	//
	小計		
その他	⑱ 事務所費	自家	推定
合計（トータル物流コスト）			
管理指標	⑲ 売上高		実績
	⑲ 出荷金利		
	⑲ 粗利金額		
	⑳ 物流コスト比率		

しては使いにくいといえます。例えばS社で売上10億円、物流費が8000万円であった場合、物流コスト比率は8％です。この場合、物流コスト削減の目標を設定すると、①物流費を10％削減（目標A）、物流比率を1％削減（目標B）の2つのパターンが考えられます。

S社の場合、目標Aでは物流費を800万円減少させれば達成したことになります。目標Bでは物流比率が7％で達成となります。この目標を設定するだけでも十分と思えますが、この方法の場合、売上が変動することにより物流の活動とはまったく関係のないところで達成の難易度が変わってしまいます。

例えば目標Aは、新商品が好調で売上が一気に上がった場合、達成が難しくなります。一方目標Bは達成しやすくなります。逆にデフレの影響などで売上が一気に下がってしまった場合は、目標Aは達成しやすくなり、目標Bは達成が難しくなります。

どちらの目標値も売上の変動の影響を大きく受けてしまうため、純粋に物流活動の活動状況を正確に把握するには十分ではありません。

では、どのような目標設定が理想なのでしょうか。計算方法が簡単で物流活動以外の影響を受けにくい「1梱包あたりのコスト」を目標値として設定します。この数値を毎日計算します。

▶1梱包当りのコスト・算出方法

1梱包あたりコスト ＝ 人件費 ＋ 配送費 ＋ その他

その日の人件費＋配送費＋その他費用（家賃や水道光熱費）の合計を出荷梱包数の合計で割って、１梱包あたりのコストを算出します。この数値を毎日計算し、月次・四半期・年度ごとに集計することで、物流活動の改善状況や課題が売上とは影響の少ないところで見える化可能になります。

物流ＤＸは長期視点での投資が不可欠

経営者にとって大きな悩みの一つは、事業を取り巻く環境が制約条件だらけであることです。しかし、法律など自社ではどうにもできない制約はごく一部しかありません。経営者が制約条件として認識しているものの多くは社内事情から発生しています。例えば、設備投資をする場合、費用対効果は大切ですがそれが前提になってしまうと、現状打破のきっかけをつかむのは難しくなります。

例えば、在庫管理システムを一から見直して新しく導入を考えたとき、過去に失敗した経験があるとの理由だけで投資が見送られることがあります。一度の失敗が社内ではタブーとして扱われ、知らず知らずのうちに多くの制約をつくっています。それに縛られて現状打破ができなくなってしまうのです。

大切なのは3年後、5年後のあるべき姿を経営者と現場が一緒になって頭に描くことです。そこに向かって行くためには制約条件となっているものは何か、制約条件を外すことは本当に不可能なのか、もう一度考えてみてはいかがでしょうか。

私はこれまでの経験から「在庫について課題を抱えていない企業は1社もない」と自信をもって言えます。もし「在庫については何の問題もない」と断言する経営者がいれば、それは問題意識が希薄であると言わざるを得ないでしょう。在庫に対する認識は部門や立場によってさまざまです。常にすれ違いが発生します。まったく同じ在庫数を見ても「過剰」と認識する人もいれば、「不足」と認識する人もいます。また、在庫の精度が悪い場合に「入庫に問題がある」と考える人がいれば、「出庫に問題がある」と考える人もいます。

また、在庫についてよくある問題として「責任の所在が曖昧になりがち」であることが挙げられます。ある人は「製造部門が無計画につくり過ぎるからだ」と言いますし、別の人は「営業部門が受注予算を達成しないからだ」と言います。

そしてもう一つ、在庫問題についての施策は「長続きしない」特徴もあります。なぜなら、改善しなくても事業は継続できてしまうからです。在庫問題が企業の業績に直接的に影響を与えていることが現場からは見えにくいからでしょう。

これを解消する手段として、在庫のデジタル化が注目を集めています。そのためか、当社にも物流をデジタル化したいという漠然とした内容の相談が増えてきました。コロナ禍で何か打てる手はないかと模索しているのではないでしょうか。また製造業では、SCMの要件も変化しています。在庫削減や業務効率化といった従来のテーマに加えて、輸配送最適化や在庫をモノとしてではなく金額として管理したいという新たな要素が求められるようになってきました。

製造業においては、在庫はさまざまな役割をもっています。役割以上の在庫はムダとなりますが、役割を果たしている在庫は必要な在庫です。この在庫が果たす役割が多岐にわたる点が製造業の在庫管理の難しさを物語っています。

在庫を多めに抱えると企業内のプロセス上の問題が見えなくなってしまいます。例えば、販売計画の精度が悪くても在庫を多めにもっておけば、販売実績が大幅に計画とずれていても顧客に迷惑が掛かることがないので、発見や対策が遅れてしまうことになります。また、生産が計画どおりに進まなくても、在庫が余分にあればその先の工程に迷惑をかけることがないため、生産計画や生産方法の見直しのきっかけをつかみにくくなります。さらに営業部門、生産部門、物流部門の間で情報連携がタイムリーに行われていなくても、在庫が余分にあることでそうしたコミュニケーションの問題が隠れてしまって、改善がされにくくなります。

計画的な在庫管理を実現する「ＰＳＩ計画」

製造業が在庫を最適化するには、どんな形でも構いませんので、先行きの在庫を見える化しなければなりません。製造業の在庫管理では、製品の生産計画を基に組立品や部品、原材料を洗い出します。このとき、現在の在庫だけを把握している場合と、先行きの在庫を把握している場合とでは、在庫最適化のレベルはまったく違ってくるからです。

流通、小売り業では、単純に商品を仕入れて、在庫し、受注に対して必要数量を出荷すればいいのですが、製造業では生産計画を基に必要な部品や原材料を調達し、欠品しないように在庫をもつ必要があります。例えば、営業が１週間後に製品を１００個納品する受注を獲得したとき、製品在庫が足りなければすぐに生産する必要があります。しかし、生産するために必要な部品がちゃんと在庫されているかどうかを、構成部品すべてについて確認しなければなりません。

このような複雑な仕組みのなかで、今だけの在庫を見て営業部門や生産部門が動いていたのでは、現場はさまざまなリスクへの対応で振り回され、右往左往することになります。当然、過剰在庫が常態化し、適正在庫は維持できず、不確実性に対処するためのバッファ在庫が積み上がるパターンに陥ることになるのです。

ですから、製造業が現場で起こる事象に即した在庫管理システムを構築するには、先行きの在庫を見えるような仕組みを検討する必要があるのです。

近年、需要の不確実性は急速に高まっており、製造業では「需要に連動した在庫計画を立てたい」とのニーズが高まっています。こうした企業の多くはすでにＥＲＰや生産管理システムを導入していますが、実績管理や原価管理しか実践できておらず、在庫計画については各部門がエクセルを基に実務を行っているというのが実状です。

需要変動が激しい近年の不確実性に対処するには、現場担当者の経験や勘では限界に来ており、在庫を計画的に管理するためのシステム構築が急がれます。こうした課題を解決する方法として、ＰＳＩ計画があります。ＰＳＩは次のような言葉の頭文字を取ったものです。

Ｐ　生産、調達などの需給要素（Production/Procurement）
Ｓ　受注、販売などの需要要素（Sales/Shipment）
Ｉ　在庫（Inventory）

生産、販売、在庫の情報を統合してこの「PSI計画」を立案することによって、生産、販売、物流の各部門が合意形成を図りながら計画的に在庫を管理します。品目ごとに当日の在庫から未来の入荷予定、出荷予定を加味して在庫の動きを見える化します。在庫がどこでマイナスになるかが一目瞭然で、調達リードタイムを加味していつ手配が必要かも一目で分かります。

入荷予定データと出荷予定データの諸元については、管理対象が部品なのか、製品なのかによって異なります。部品や原材料の場合は、入荷予定データは購買システムから、出庫予定データは生産管理システムから取得します。製品の場合は、入庫予定データは生産管理システムから、出荷予定データは受注管理システムから取得します。

先行きの在庫が見えるのは非常に効果的なのですが、PSI計画を導入する際には、いくつか注意点があります。

実際には各部門や担当者がそれぞれの計画を基に実務を行っています。各部門や担当者は自部門の都合を優先してそれぞれの業務に応じてバッファを保持します。「なぜそのバッファが必要なのか?」という本当の事実については、各担当に聞かなければ分かりません。例えば、販売部門では需要の水増しや数字の精度に課題があり、数字に対する意識の低さが課題です。一方、生産部門では、生産の優先度が曖昧で、独自の予測による生産を行い、その状況も他部門とシェアするという意識が低いという課題があります。購買部門では、調達LTの設定が実状に合っておらず、過去の設定やこれまでの決まり事で事務的に処理してしまう課題があります。また、リアルタイムの必要数を把握しておらず、過去の経験などから日常的に多めに発注したりしています。

このような課題を放置したままPSI計画を導入しても、効果は半減してしまいます。各部門がPSI計画にコミットできるためのルールや仕組みづくりが重要です。

第5章

物流データの高度活用が中小製造業の成長を加速させる

近未来2030年の物流はどう変わる？

政府は物流生産性革命を提唱し、効率的で高付加価値なスマート物流の実現に向けてＩｏＴやＡＩの活用を進めています。その基盤として、物流と商流のデータを収集・解析するためのプラットフォーム構築を目標に掲げています。

近年の国内物流は、トラック積載率が41％に低下するなど、さまざまな非効率が発生しています。ＥＣの普及により、少量多品種の配送が増えることが予測されますから、積載率は今後、さらに悪化するのではないかとの見方が強まっています。

物流に関わるすべての企業が、これまでの常識にとらわれることなく、生産性を飛躍的に向上させ、将来の労働力不足を克服し、経済成長に貢献していくことが必要です。

そのためにはＩｏＴなどの最新技術を活用し、データ共有を通じて、生産・運送・販売のサプライチェーンを最適化し、産業全体の生産性を向上させることが重要です。

物流は量が集まればコストダウンが可能です。この鉄則は近未来の物流でも不変でしょう。量を集めるには、これまでのようにアナログで企業同士がつながって仕組み化する方法では限界がありスピード不足です。

ＩｏＴを活用してデータの共有を推進してリソースをシェアリングしていくためのシス

テム構築が急務でしょう。荷主が保有するオーダー情報をいかに共有するかが最大の難関です。

この点については、各企業の意識の改革も必要になってきます。どうしても自社のオーダーデータは企業秘密という考えが優先されるため、そのデータを競合他社と共有するというのはかなりハードルが高いのです。

データの扱い方のポリシーやルールを決めて、その環境を整えることが今後の最重要課題ではないでしょうか。それを無視して各企業が個別にＩｏＴに投資しても、各企業の生産性向上にはつながるかもしれませんが、社会問題にまで発展している物流のクライシスへの対策としては不十分です。

各企業のデータを共有することで、トラックの積載率を現状よりも20％は向上できるはずです。これはドライバー不足の解消にもつながりますし、在庫情報を共有することで食品ロスなどの問題解決にもつながります。

プラットフォーム構築に向けて、ブロックチェーン技術やセンシング技術などの技術ばかりに目が向きがちですが、最大のハードルを無視して改善は進まないでしょう。

データ活用では、ＲＦＩＤの利用も注目されています。普及の鍵は価格です。現在単価1円以下のＲＦＩＤなどの研究も進んでいます。単価1円以下を実現できれば食品などにも普及が進むため、バーコードに変わる日も近いでしょう。
経済産業省では、コンビニ各社、ベンダー、有識者などの協力のもとで実務者会議を開催し、ＲＦＩＤの利活用拡大に向けたロードマップを策定しています。

その活動のなかで、セブン-イレブン、ファミリーマート、ローソン、ミニストップ、ニューデイズと共同で「コンビニ電子タグ１０００億枚宣言」を掲げました。２０１８年には「ローソン丸の内パークビル店」（東京都千代田区）でＲＦＩＤから取得した情報をサプライチェーンで共有する実験を行っています。

実験では、商品一つ一つに貼付されたＲＦＩＤを活用することで、サプライチェーンにおける在庫情報等を可視化し、サプライチェーン各層の連携の強化を目指しています。

「スマート物流」は２０３０年に向けた近未来物流の象徴となるのでしょうか。そのための技術開発は政府主導でも進んでおり、日本の成長戦略の一環として取り組まれています。そのなかで最も実現性が高く、威力を発揮する技術の一つがＲＦＩＤであることに疑いの余地はないでしょう。

ＲＦＩＤの普及によってデータの共有がされることで物量が集まり、産業全体の効率化が可能となり、リソースの共有につながります。私が考えるスマート物流の実現に向けたポイントは次の3点です。

1　流通業界でのＲＦＩＤの普及
2　データ共有のためのセキュリティ技術開発
3　データ共有に対する意識改革

オーダー情報や購買情報をリアルタイムで製造業・物流業・同業他社で共有することで、業界を越えた協調領域でのデータ活用が実現できます。在庫は最適化され、積載効率は向上し、運行ルートは最適化され、リソースのシェアリングが実現されます。国内の生産性は最低でも20％は向上し、この最先端の取り組みが世界のモデルとなることでしょう。

ＲＰＡとＡＩが物流に変化をもたらす

今後の物流を変える技術として注目されているのが、ＲＰＡとＡＩです。物流業界に限らず、国内の企業では働き方や休み方の改善が進んでいます。これは企業の最大の経営資源である「人材」の能力や経験を引き出し、企業にとっても大きなメリットのある取り組みです。働き方を変えるには、業務の効率化を進め生産性を向上させなければなりません。

ホワイトカラーの生産性を向上させるツールとして、最近注目を集めているのがＲＰＡ

(Robotic Process Automation) です。RPAは企業のホワイトカラーのさまざまな業務を自動化できると期待されています。実際に人件費を80%以上削減した事例も報告されています。

物流の領域でRPAは、次のような業務に向いています。

❶複数のWEBサイトからの情報収集作業

送り状の荷物ナンバーで配送業社のホームページへアクセスし、発送ステータスを取得する。

❷異なるシステム間のデータ転記

WMSの出荷実績データを書き出し、配送業社の送り状発行ソフトへデータを転送する。

❸システムの構造化されたデータからレポート作成

WMSや在庫管理システムが管理する出荷実績データや在庫データをエクセル上に転記し、出荷実績レポートグラフや在庫報告レポートを自動作成する。

ＲＰＡはＡＩと混同されやすいのですが、ＲＰＡは自動実行を主な役割とし、ＡＩはデータの活用を主な役割としている点で異なります。

ＲＰＡの現時点の役割は「定型業務の自動化」ですが、今後はＡＩによってさまざまなデータを分析し、その分析結果でＲＰＡが処理を自動実行するという活用が一般的になるでしょう。

ＡＩは必要なデータを蓄えて複雑な問題を単純な方法で説明し、解決することができます。この場合のデータ（仮説）は多いほど良いのです。

人間の思考で複雑な問題を説明したり解決する場合は、「オッカムのカミソリ」の思考原理が役に立ちました。

しかし瞬間的に膨大な量のデータを処理できる人工知能においては、事象を分析する対象となる仮説データは多ければ多いほど興味深い事象を導き出してくれます。

定型業務を自動化できるＲＰＡと複雑な問題を単純な方法で解決できるＡＩはとても相性がいいといえるでしょう。この2つのテクノロジーが組み合わされれば、企業のさまざまな業務の自動化と効率化が進みます。

物流領域においても例外ではありません。

例えば、ＷＭＳに基幹システムから出荷指示が取り込まれ、ピッキングリストが発行され、送り状を印刷するといった作業はすべて自動化されます。出荷した荷物の問い合わせもRPAが運送会社のサイトからデータを取得し、顧客の過去の問い合わせデータをAIが分析し、最適な回答が自動応答されます。

今後はこうした専属のオペレーターが必要なくなるので、大幅な人件費の削減が可能になるでしょう。

物流データの活用が中堅企業の生産性を向上させる

RPAやAIなど最新のデジタル技術を活用して業務の効率化を実現するには、投資が必要です。大企業が物流領域で莫大なIT投資をしていることは、マスコミを通じて報道されています。

しかし、思い切ったIT投資が難しい中小企業や小規模事業者においては生産性向上が伸び悩んでおり、デジタル技術を活用した効率化も進んでいません。

例えば、中小企業の物流の現場ではまだまだ十分にデータの活用が進んでおらず、依然として紙やメールで情報をやり取りする現場が多いのが実状です。古くからのムダを生み出す商習慣も多く残っており、新たなテクノロジーの活用が進んでいるとは言い難いのです。

今後は中小企業における物流領域のデータの利活用によって、人手不足の解消をはじめとした社会問題を解決していかなければなりません。

科学技術イノベーションを実現するために内閣府が主導している「戦略的イノベーション創造プログラム（SIP）」の次期課題として、「スマート物流サービス」というテーマが採択されています。

これは、生産から消費までのサプライチェーン全体の生産性を飛躍的に向上させるため、職種、業種の垣根を越えて、生産管理、物流システムを構築し、さらには社会実装までしていこうという取り組みです。

現在の物流は、伝統的作業である入庫、在庫、ピッキング、出荷にとどまらず、生産工程の最終仕上げや各種の流通加工も含まれるなど、業務が拡大し、複雑化しています。

そのため、データに基づく定量的かつ体系的なシステム思考が求められています。それがなければ、物流センターの企画立案やオペレーションの設定、あるいは実態にふさわしい設備や機器の選定ができません。

また、現在のビジネス環境では、先端的なロジスティクス戦略によって顧客サービス面で競争力をつけることが求められています。そのためには、物流・ロジスティクス領域の高度なデータ活用が欠かせません。

日常生活でアマゾンを利用している人は多いと思いますが、購入を検討している商品をクリックすると、商品説明の下に同時購入を勧める提案が表示されます。さらに、その下には「よく一緒に購入されている商品」も3つほど表示されますが、こうした提案はこれまで蓄積された膨大なオーダーデータによる需要相関データに基づいて自動的に提案されるのです。

倉庫内の少数のアイテムが、ピッキング活動の大半を生み出しているように、いくつかの特定のアイテムは一緒にオーダーされる傾向にあります。次ページの図は、某オフィス家具メーカーで一緒にオーダーされるアイテムの組み合わせ頻度を相関率でランキングし、共通パターンを見つけ出そうとしたものです。

その結果、レターケースとオプション仕切り板の組み合わせがトップで42％の相関率でした。レターケースを購入するお客さまのうち42％はオプション仕切り板も同時に購入する傾向にあることがこのデータで分かります。

こうしたオーダーの需要相関データはこれまでマーケティング部門で利用されることはあっても、物流部門で利用されるケースはほとんどありませんでした。しかし、利用する意味は大いにあります。

▶某オフィス用家具メーカーの需要相関BEST3

ランク	アイテム 1	アイテム 2	相関率
1	レターケース	オプション仕切り板	42%
2	オフィスデスク	ハイバックオフィスチェア	38%
3	ガラス戸書庫	スチールキャビネット	33%

例えば、この需要相関データを利用し、相関率の上位の商品同士を同じゾーンに保管する方法があります。相関率の高い商品同士をなるべく同じゾーンに保管することで、結果としてピッカーは短い距離で多くのアイテムをピッキングすることが可能になります。

一方で需要相関が小さい商品は、ゾーンを分けることでピッカーの渋滞緩和になります。しかし、多くの倉庫では、アイテムごとやアイテムカテゴリーごとにゾーン分けされるため、需要相関が小さい商品が同じゾーンに保管されています。

アパレル業界で最小の相関はサイズです。色違いのTシャツを同時に購入する人はいるかもしれませんが、サイズ違いのTシャツを同時に購入する人は少ないでしょう。にもかかわらず、サイズ違いの商品が同じゾーンに保管されるため、ピッカーの移動距離が増え、ピッカーが渋滞する可能性が高くなります。

これは一例ですが、データ活用はロジスティクス戦略にも欠かせなくなっています。

物流データがマーケティングの主導権を握る

物流データはマーケティングへの活用も期待されています。

WMSが担っているのは、入出荷の管理や在庫の管理です。それにより出荷の品質や物流の品質、在庫の精度を向上させ、アナログ作業を撤廃することで作業の効率化が可能になります。

物流で扱っているデータは、モノの動きをリアルタイムに把握しています。工場からどこの倉庫に向けて商品が出荷されたとか、今度はその倉庫から、どこの得意先に何がいつ・いくつ納品されましたとか、次々とデータが更新されていきます。

コンビニエンスストアで利用しているPOSレジは販売時点のデータが正確に取れることから一気に普及しました。今やPOSがサプライチェーンの重要なデータになっています。それを利用して販売予測をしたり、来月の必要量を把握したりしているのです。

しかし、POSは最後に消費者へ商品が渡ったときのデータです。一方で物流は工場から物が出た時点のデータも取れますし、倉庫から小売り店舗に到着した時点のデータも取れます。データが取得できるタイミングとしては、POSよりも早いのです。とすれば、この物流のデータを活用することで、POSデータを追っかけるよりももっと早くさまざまなことが把握できます。加えて物流データはすべてリアルタイムで取得できますから、倉庫のオペレーションの効率化や物流品質の向上、在庫の見える化など、利用範囲が広がります。

こうした視点での物流データ活用はまだ発展途上です。その要因は大きく2つあります。1つは、私の会社のようなベンダーがそうしたアプローチをしていないことです。2つ目は実際にデータを高度活用するための人材もいませんし、ノウハウ本のようなものもなく学ぶ機会がありません。

しかし今後は、物流データがマーケティングの主導権を握るようになります。物流データを高度活用できる企業が競争力をつけます。そのためには高度人材の育成できる土壌づくりも必要ですし、そのためのツールも私の会社のような企業がつくっていかなければいけないと考えています。

人材面では、在庫回転率や売上ABCのような分析結果を見て、どのように判断して具体的なアクションに落とし込むのか、それを判断できる人材の育成がまだまだ遅れています。中小企業はこれまで、情報技術に投資してきませんでしたから、データをデジタルで扱う土台ができていません。データ分析や統計的な処理が、物流のオペレーションにそもそも含まれていないのです。結果、教える人もいないため下が育っていかないのです。今後は、意識的にデータ活用ができる高度人材を育成していかなければなりません。

また、データを活用するには、データの標準化も必要です。これは一社単独では不可能です。自社の所属するサプライチェーンのなかで取り引き先や得意先を巻き込んで標準化を進めていく必要があります。私の会社が今支援している企業では、データの標準化の必要性を感じて、物流ＤＸの専門部署を立ち上げました。

そして主要仕入れ先の３社で研究会もスタートさせています。そこでは物流をどう効率化していくか、そのために互いのデータをどう共有すべきかなど標準化に向けて取り組みを始めています。

現在の物流ＤＸは、デジタル技術の活用で物流をいかに効率化するかに主眼がおかれていますが、進んだ企業では物流データを活用してマーケティングに活かす方法などが検討されているのです。

2030年の産業革命はロジスティクスが先頭に立つ

物流データをマーケティングに活用するには、サプライチェーンにおけるコミュニケーションを活発にする必要があります。この場合のコミュニケーションとは、情報の共有という「技術的側面」と、サプライチェーン内の企業間の信頼関係という「心理的側面」の2つの意味があります。

多くの企業にとってSCMやロジスティクスは未知の領域です。その証拠に、高度に形式化されたコミュニケーション手順を用いて、サービスサプライヤーと外部連携を進めているサプライチェーンに出合うことは、まれです。

しかし、ロジスティクスを効率化し、さらにデータを高度利用するにはサプライチェーン内のコミュニケーションが欠かせません。サプライヤー間でより高度なコミュニケーションを確立するにはどうすればいいでしょうか。重要なポイントは次の3つです。

1　サービスサプライヤーとの信頼関係構築
2　AIや需要予測といった最新技術への投資
3　パートナーとの戦略的提携の強化

特に2は重要です。AIブームによって、需要予測が再び注目を集めています。需要予測は、ロジスティクスの効率化に役立ちますが、マーケティングに欠かせない要素です。

これまでもサプライチェーンの間で需要予測は行われてきましたが、サプライチェーン全体の誤差を減少させることはできませんでした。

小売り側、卸売り側、製造側（メーカー）がそれぞれ独自の方式とシステムで需要予測し、そこで設定された価格や生産数がロジスティクスにも大きな影響を与えてきました。

近未来のロジスティクスでは、AIを活用した需要予測が重要な意味をもちます。私の予測では、これまで複数箇所に存在していた需要予測の仕組みは、ロジスティクス領域1カ所に集約されるでしょう。

今後はロジスティクス領域でAIを活用して精度の高い需要予測が行われるでしょう。これまでのように、一部の企業のデータだけではなく、ビッグデータや天気予報などのデータを用い、これまでとは次元の違う需要予測がすでに実用化に向けて動いています。

それにより、これまで予測のできなかった需要を、かなりの確率で導き出すことも可能になるはずです。各サプライチェーンの計画は、前倒しされ必要最低限の在庫保有、物流を実現しつつ、各プレイヤーの利益を最大化します。

2030年の近未来物流に向けて製・配・販が協働で需要予測を開発し、共有するための「プラットフォーム」の構築が進んでいます。最新技術を活用した需要予測の共同利用により、注文量のミスマッチを解消し、在庫削減・食品ロス削減・機会ロス削減の果実をサプライチェーン全体で享受することが可能になります。

消費者、小売り、卸売り、製造（メーカー）を含めた社会全体で利益を共有できる「2030年の産業革命」はロジスティクスが先頭に立ち、引っ張っていかなければならないと私は考えています。

本業で競争し物流は協業する時代へ

もう一つの動きとして、物流業界では今後、共同配送が進んでいくと考えられます。

かつてピーター・ドラッカーが語っていた「暗黒の大陸」ともいうべき社会が今まさに出現しています。明治維新や戦後の混乱期、産業革命に匹敵するような大変化が生まれようとしているのです。

ドラッカーに「暗黒の大陸」とされた物流に光明を見いだすことで、事業を構想する企業は間違いなく勝者になれる時代だといっても過言ではありません。

物流業界は今「超人手不足」でモノを運べない時代の真っただ中にいます。しかし、物流業界は今が最高の時代だといえます。

なぜなら、現状のクライシスからの脱却を模索するなかで、今後利用が検討されるさまざまな最新テクノロジーを駆使する業界の一つになるからです。そうしたテクノロジーを効果的に活用する構想力を磨けば、ビジネスチャンスが無限に生まれてくるはずです。

産業革命は18世紀半ばに英国で始まりました。それ以降、250年の産業社会は常に「more（もっと）」「better（より良く）」を追い求めてきました。「より安く」「より速く」「より多く」を目標に世界の産業が発展してきたわけです。

そのような時代は、比較が可能な世の中でほかと比較することで自分の価値を創造してきたといえます。しかし、これからの時代は違います。比較対象が存在しない、見えない世界に迷い込んでいくことになります。

インターネットの普及によって、世界は国境のない一つの大舞台となりました。2045年にはAIが人間の脳を超えるシンギュラリティ（技術的特異点）に到達するといわれています。こうした大変化の時代には、これまでの常識が通用しなくなります。これまでと同じパラダイムで行動してはならないのです。

これまであったモノを「もっと、より良く」と改善を試みてもうまくいかなくなっていることは、多くの経営者が実感しているはずです。既存の競争原理のもとで事業を構想しても「超人手不足」の危機を乗り越えることはできないのです。

物流リソース不足の問題を議論する際に必ずといっていいほど出てくるのが共同配送です。最近では、同業他社（競合同士）による共同配送が脚光を浴びています。企業間の共同配送については、以前からその有用性は高く評価されているのですが、その割に事例が非常に少ないのが実情です。共同配送が広まらない一つの要因として、物流会社主導での提案が慣例となっていることが挙げられます。実際に運ぶモノの上流のデータは各荷主が保有しています。荷主が主導となって共同配送を運営する仕組みがなければ、なかなか広まらないはずです。

ただし、荷主同士で進める共同配送もさまざまな問題が発生します。例えば、荷主ごとに配車システムを保有している場合は、どちらの配車システムを利用するのか、どうやって出荷情報を統合するのかといったことが問題になります。

仮にシステムとデータ連携の問題が解決しても、費用の分配はどうするのか、運送会社との契約はどうなるのかといった、さまざまな検討課題が持ち上がります。結局どちらも途中で疲れてしまい、共同配送の話が頓挫したというのはよく聞く話です。

とはいいつつも、競合同士による共同配送が少しずつでも進み始めていることはたいへんに良い流れです。

共同配送を進めるにあたっては、いくつかポイントがあります。自社の物流の概要が整理できていない状態で荷主同士が共同配送の検討を進めると、あとあと条件が折り合わず結局失敗することになります。まずは共同配送の相手を探す前に自社の物流の概要をしっかりと整理することが大切です。

例えば左の図のように荷物、納品先、波動、車両については最低限情報を整理して、相手と情報交換をすることも有効です。

また、共同配送を検討する際、一度にすべての商品、すべての納品先について検討を進めようとする企業を見かけますが、それではうまくいきません。専任のコーディネーターがついている場合などは別ですが、荷主同士や物流会社の紹介でスタートする場合は、スモールスタートがオススメです。

納品先のエリアや商品を限定するのはもちろんですが、まずは1パレットから載せてもらう方法も有効です。1パレットであれば、どちらの荷主にとってもリスクはほとんどありません。そして1パレットから3パレット、10パレットと少しずつ増やしていけばハードルが低くなります。

近未来の物流では、ＩＣＴの活用により出荷情報が特定の場所に集約されます。物量が集約されれば物流は効率化されます。物量を集めるためには出荷情報を集めることになり

▶共同配送を進める前に確認しておく情報

荷物	荷姿
	重量
	温度帯
	物量
納品先	軒先数
	エリア
	納品ルール
波動	週波動
	季節波動
	月波動
車両	サイズ
	積載率

ます。

集約された出荷情報をベースに共同配送が最適にシミュレーションされ、荷主主導でも、物流会社主導でもない第三者、おそらくＡＩ主導による世界規模の共同配送プラットフォームが構築されていくことでしょう。

今こそ中小企業がイノベーションを起こすとき

人材も資金も限られている中小企業は、新しいことにチャレンジする余裕はありません。特に本業がうまくいっている間は、イノベーションの必要性も感じないかもしれません。しかし、新型コロナウイルスの感染拡大で状況は一変しました。

なかでも物流の分野は大きな影響を受けました。今こそ、最新のデジタル技術を活用してイノベーションを起こさなければ生き残れません。

イノベーションを起こすにはどうすればいいのか。歴史上、最も偉大なイノベーションを起こした航海士・クリストファー・コロンブス、彼は１４００年代後半に活躍した探検家であり、大航海時代にアメリカ大陸を発見した人物として知られています。

彼は家業の手伝いで若くして船に乗り、織物や酒・チーズなどを売っていましたが、あるとき「地球は丸いのではないか」と思いつきました。当時、地球は平らで海の果てには巨大な滝や魔物がいると考えられていました。

しかし、彼はたくさんの書物を読んで勉強しているうちに、地球は丸くて西へと進めばインド諸国に着くはずだと確信するようになりました。

自身の独創的な考えを確認するために、カスティーリャ王室から援助を得たコロンブスは、約100人の乗組員と3隻の船を与えられ、スペイン・パロス港を出港しました。西へ西へと航海を続けた彼らは新大陸アメリカを発見しました。

この一人の航海士の話から、イノベーションに関して2つの教訓を得ることができます。

教訓其の一　手持ちの地図では新天地にたどり着くことはできない

もし、コロンブスが昔からある手持ちの地図を信じて頼りにしていたら、新大陸の発見はできなかったでしょう。彼は世の中の常識を疑い、リスクを冒してチャレンジしたことでイノベーションを生み出したのです。

教訓其の二　イノベーションとは発明ではない

コロンブスはイノベーターであり、発明者ではありません。その証拠に彼は何も発明していません。「地球は丸い」との説も彼が提唱したわけではありませんし、航海に利用した船や航海に必要な技術も、すでにあったものです。彼は既存の知識や技術を応用して新大陸を発見したのです。

イノベーションとは常識を疑い、すでにある知識や技術を応用し、リスクを冒して挑戦することで生み出されます。危機をチャンスととらえるのは難しいことですが、10年後、20年後も成長を続けるために、今こそ新たなチャレンジをしてください。

おわりに

企業の経営者であれば、誰しもが自社を成長させていくことを望んでいると思います。経営者はそれを実現させるための自社の強みは理解しているつもりですが、たいていは間違っています。経営者が間違うほどですから、一人ひとりの社員が自社の本当の強みを活かして貢献するのはまず不可能です。

自社を次のステージへ連れて行ってくれるのは「自社の強み」です。したがって、自らの強みを知ることが不可欠となってきます。

では、どうすれば自社の強みを間違わずに知ることができるのでしょうか？　それはフィードバック分析です。自社で実践することを決めたら、その期待値を設定し、実際の結果と照合します。これを繰り返すこと以外に成功にたどり着く方法はないとピーター・ドラッカーも言っています。

つまり、自社をデータで正しく観察することでのみ、自社の強みを知ることができるのです。観察を繰り返すことで、何が成果を生み出しているかが見えてきます。しかし多くの経営者は主観や周りの意見によって自社の強みを誤って認識しています。

主観ではなく、データによる客観的な観察で自社をモニタリングし、明らかになった強みに集中して企業戦略を考えるのです。ドラッカーは「なすべきことは推測ではなく、観察である」とも強調しています。

私が初めてDXという言葉を耳にしたのは約2年前です。それから急速にDXに関する情報が巷に溢れるようになり、最近ではDXというキーワードで物流を改善したいという相談が急増しています。

しかし、DXがこれまでのIT化や変革と何が違うのかといった本質を理解しないまま、失敗をするケースも増えてきているようです。これは自社の強みに集中していないからだと私は認識しています。これまでのIT化は課題解決型であり、効率化に主眼をおいた取り組みでした。しかし、DXとは自社の強みに集中し、デジタルでビジネスを抜本的に変革することです。

DXを実現するための物流システムの開発を請け負う企業は多種多様存在しますが、得意分野、苦手分野があります。大手ベンダーは、開発力やプロジェクトを成功に導く能力では優れていますが、導入までの期間に時間がかかり、コストが膨大になるのが難点です。

一方、APSベンダーは導入期間やコストの面では優れていますが、ビジネス的な戦略思考が苦手です。また、プロジェクトを成功に導く力も強くありません。そのため私の会社では大手ベンダーと同等の開発力やプロジェクトを成功に導くサポート力を保有しながら、コストや導入期間はＡＳＰベンダーに次ぐレベルを達成しています。

また、デジタル化の目的は「アジリティを獲得すること」です。既存業務をそのままシステム化するのではなく、必要なデータを集め、モニタリングすることでビジネス環境の変動要素をリアルタイムに察知し、集めた情報により最善の計画を立て、次の適切なアクションへと導くことが大切です。

アジリティを獲得するには「洞察力」「情報に基づく意思決定力」「迅速な実行力」が必要です。ですから、私の会社は課題解決思考で効率化を目指すのではなく、プロデュース思考でアジリティを確保することを目指しています。既存システムの問題点を把握し、いかに克服していくか、経営層が描き切れていない課題をともに描き、そのうえで、デジタル化することで、この3つの要素を高め、競争力を確保することができるように支援できると考えています。

最後になりますが、私たちはユーザー企業と一緒に、一つのチームとなり、並走する開発パートナーこそが最善と考えています。システムをただ納品するのではなく、お客さまにデジタル化を自社の文化にしてもらい、自走できる企業になってほしいのです。

「企業の内側からデジタル化を支援」をモットーに、これからも私の会社は中小製造業の物流ＤＸの支援を続けていきます。

本書はこれまでに培った私たちのノウハウを余すところなく紹介しました。中小製造業の発展のために少しでもお役に立てば幸いです。

【著者プロフィール】

東 聖也（ひがし まさや）

1975年、広島県生まれ。

高校卒業後、自動車部品メーカーに入社。オフィス用品の販売代理店を立ち上げたのち、Windows98の発売を機にプログラミングを独学で学び、ソフトウェア開発に着手。

1999年11月、株式会社オンザリンクスの前身となる会社を創業。

2008年9月、同社の代表取締役に就任。同社が開発した倉庫管理システムパッケージ「INTER-STOCK」の導入企業は800社を超える（2021年時点）。

現在は物流デジタル化に課題を抱える企業のデジタル化を支援しながら、国内の物流事業者と荷主をデジタルでつなぐ「Jailo（ジャイロ）」プロジェクトを立ち上げ、物流課題の抜本的課題の解決に取り組んでいる。

本書についての
ご意見・ご感想は
コチラ

倉庫管理システム

WMSで実現する 中小製造業の物流DX

2021年7月28日　第1刷発行

著　者　　東 聖也
発行人　　久保田貴幸

発行元　　株式会社 幻冬舎メディアコンサルティング
　　　　　〒151-0051　東京都渋谷区千駄ヶ谷4-9-7
　　　　　電話　03-5411-6440（編集）

発売元　　株式会社 幻冬舎
　　　　　〒151-0051　東京都渋谷区千駄ヶ谷4-9-7
　　　　　電話　03-5411-6222（営業）

印刷・製本　瞬報社写真印刷株式会社
装　丁　　小原範均

検印廃止

Printed in Japan
ISBN978-4-344-93440-5 C0034
幻冬舎メディアコンサルティングHP
http://www.gentosha-mc.com/